차례

들어가는 말 · 5	생물의 상호 작용 · 11
생태계의 단계 · 6	건강한 생태계의 조건 · 12
생물 군계 지도 · 6	천이 · 14
생태계란 무엇일까요? · 9	미소 생태계 · 16
에너지의 흐름 · 9	미생물 생태계 · 18
생물의 분류 단계 · 10	

북아메리카 · 21

레드우드 숲의 생태계 · 23
대평원의 생태계 · 25
플로리다 맹그로브 습지의 생태계 · 27
모하비 사막의 생태계 · 29

남아메리카 · 31

아마존 열대 우림의 생태계 · 33
아타카마 사막의 생태계 · 35
팜파스의 생태계 · 37
열대 안데스의 생태계 · 39

유럽 · 41

영국 제도 황야 지대의 생태계 · 43
지중해 분지의 생태계 · 45
알프스산맥의 생태계 · 47

아시아 · 49

시베리아 타이가의 생태계 · 51
인도차이나 맹그로브 숲의 생태계 · 53
동몽골 스텝의 생태계 · 55
히말라야산맥의 생태계 · 57

아프리카 ... 59

콩고 분지 열대 우림의 생태계 ... 61
아프리카 사바나의 생태계 ... 63
사하라 사막의 생태계 ... 65
아프리카 희망봉의 생태계 ... 67

오스트랄라시아 ... 69

오스트레일리아 사바나의 생태계 ... 71
태즈메이니아 온대 우림의 생태계 ... 73
그레이트배리어리프의 생태계 ... 75

극지 ... 77

북극권의 생태계 ... 79
남극 툰드라의 생태계 ... 81

수생 생태계 ... 83

외해 생태계 ... 85
심해 생태계 ... 87
강 생태계 ... 89
호수 생태계 ... 91

순환하는 자연 ... 93

탄소의 순환 ... 94
질소의 순환 ... 96
인의 순환 ... 98
물의 순환 ... 100
식물 ... 102

인간과 지구 ... 105

농장 ... 107
도시 ... 109
인간이 자연에 미치는 영향 ... 110
기후 변화 ... 112
지구 온난화가 불러온 일들 ... 113
지구를 지켜요 ... 114

낱말 풀이 ... 116
참고 자료 ... 121
찾아보기 ... 122
작가 소개 ... 128

들어가는 말

여러분이 이 책을 읽는 지금 이 순간에도 아마존 열대 우림에서는 재규어가 사냥을 하고, 산호초에는 해양 생물들이 북적거리고, 뉴욕시에서는 한 손에 베이글을 든 배달원이 자전거를 타고 달리는 중일 거예요. 서로 아무런 관련이 없어 보이지만, 사실 모든 생물은 생각보다 훨씬 공통점이 많아요.

첫째, 우리는 모두 지구에 살아요. 동물, 식물, 사람 할 것 없이 전부 얇은 대기층의 보호를 받으며 태양 둘레를 공전하고 있지요. 둘째, 지구에 있는 모든 것은 원자로 이루어져 있어요. 여러분이 집에서 키우는 개, 자동차, 스파게티, 심지어 여러분 자신까지 전부 다요! 마지막으로 모든 생물은 먹이에서 얻은 영양분으로 몸을 만들고 활동을 해요. 크기가 크든 작든, 햇빛을 이용해 양분을 만드는 식물이든 샌드위치를 먹는 사람이든 말이에요. 살아 있는 모든 생명체는 지구의 한정된 자원과 서로에게 의지해 살아가요. 생명체가 어떻게 연결되어 있는지 이해하려면 먼저 지구 생태계에 대해 알아야 해요.

지구의 생물들은 어떻게 살아갈까요? 이건 아주 복잡한 질문이에요. 지구는 정말 넓고 크니까요. 거대한 숲에서 일어나는 복잡한 일들을 화초 기르는 법처럼 쉽게 이해할 수 있다면 얼마나 좋을까요? 지구가 병에 든 표본이나 책상 위의 지구본처럼 이해하기 쉽다면요?

영양분이 풍부한 사하라 사막의 흙먼지가 바람을 타고 대서양을 건너가 아마존 열대 우림을 기름지게 만들어요. 그 땅에서 자란 나무들은 엄청나게 많은 산소를 만들어 내요. 그리고 그 산소 분자가 섞인 공기를 온 세상 동물과 사람 들이 들이마시지요. 이렇게 이야기는 끝없이 이어질 수 있어요. 이 책에서 우리는 세계의 크고 작은 생태계가 어떻게 작용하는지, 그리고 자연계가 어떻게 조화롭게 어울려 지구의 생명을 보살피는지 자세히 들여다볼 거예요.

지구를 들여다보면 사람이 보여요. 사람들은 역사가 시작된 이래로 계속해서 주변 환경을 바꾸어 왔어요. 좋은 쪽으로든 나쁜 쪽으로든 말이에요. 우선 자신이 사는 땅을 돌보는 사람들이 있지요. 스코틀랜드 황야의 양치기들은 배수로를 파서 습지를 유지해요. 어떤 나라에서는 야생 동물을 배려해 건물과 도로를 지어요. 일례로 케냐에서는 고속 도로 밑에 지하 도로를 내서 코끼리들이 안전하게 이동할 수 있도록 했어요. 과학자, 정부, 지역 사회가 힘을 합쳐 자연을 보존하는 지역을 정하기도 하지요. 반대로 자연을 해치는 방식으로 땅을 이용하는 사람들도 있어요.

인류의 가장 큰 숙제는 우리가 가진 자원을 책임감 있게 사용하는 법을 배우고 익히는 거예요. 지구에 사람이 늘어날수록 공간은 부족해져요. 농장을 더 넓혀야 하고 도시도 더 커져야 하지요. 하지만 무턱대고 건설을 하다 보면 지구 생태계가 주는 귀중한 선물을 놓치고 말 거예요. 땅을 무책임하게 관리하고 자원을 함부로 낭비하면, 지구가 오염되고 기후가 변하고 무엇보다 소중한 생태계가 망가질 거예요. 결국 인간뿐 아니라 지구의 모든 생물이 살기 힘들어지는 거지요.

지구를 지키는 첫 번째 단계는 지구에 대해 더 많이 공부하는 거예요. 자연을 제대로 알면 지구를 파괴하지 않고도 필요한 것들을 가져다 쓸 수 있어요. 농사를 짓거나 에너지를 만드는 새로운 방법을 찾을 수도 있고, 건물을 짓거나 물건을 만드는 데 쓸 새로운 재료를 발명할 수도 있어요. 하지만 사람들이 스스로를 돌보지 못한다면 지구를 돌볼 수도 없어요. 지구의 가난한 지역에서는 사람들이 먹고살기 위해 밀렵이나 벌목처럼 자연을 파괴하는 불법적인 일을 해요. 가난을 해결할 방법을 찾는다면, 모든 사람들이 지구를 아끼며 살아갈 수 있을 거예요.

지구는 하나밖에 없는 우리 집이에요. 우리가 보살펴야 할 소중한 집이지요. 지구를 지키는 힘은 여러분 각자에게 있어요. 세상의 미래는 우리 손에 달렸답니다.

생태계의 단계

생물권

지구에서 생물이 사는 영역 전체.

생물 군계

특정한 기후(기온과 강수량)에 적응한 동식물이 살아가는 지역.

생태계

특정한 장소에서 상호 작용하며 살아가는 생물과 환경.

생물 군계 지도

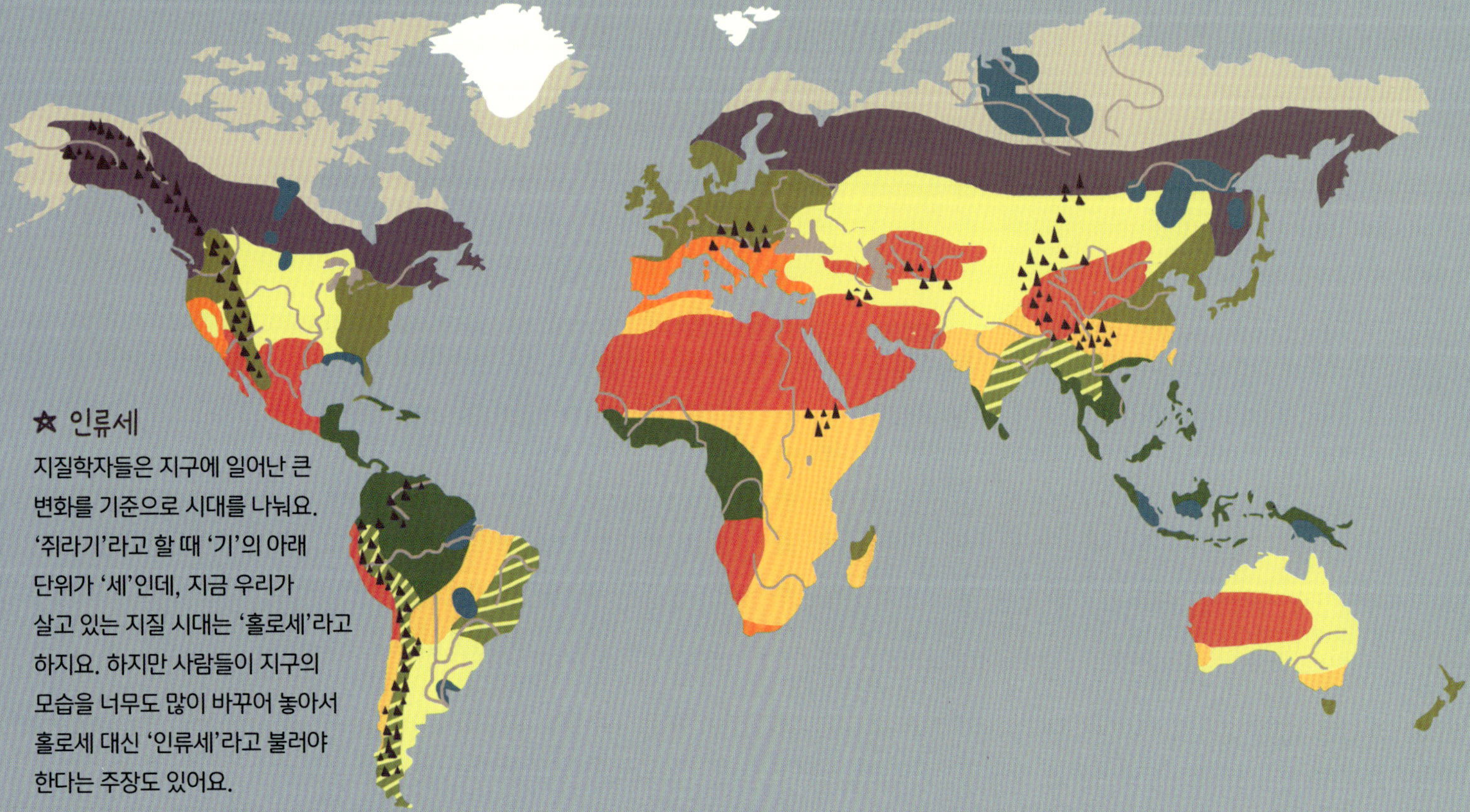

★ 인류세

지질학자들은 지구에 일어난 큰 변화를 기준으로 시대를 나눠요. '쥐라기'라고 할 때 '기'의 아래 단위가 '세'인데, 지금 우리가 살고 있는 지질 시대는 '홀로세'라고 하지요. 하지만 사람들이 지구의 모습을 너무도 많이 바꾸어 놓아서 홀로세 대신 '인류세'라고 불러야 한다는 주장도 있어요.

이 세상은 정말 크고 복잡해요. 그래서 지구 전체를 하나로 보고 연구할 수도 있고, 한 가지 생물만 골라서 연구할 수도 있어요. 지구 생태계는 가장 큰 단위부터 가장 작은 단위까지 여러 단계로 나눌 수 있어요. 가장 큰 단위는 생물권이에요. 지구에서 생명체가 발견되는 모든 곳을 말하죠. 가장 작은 단위는 각각의 생물이에요. 이를테면 청설모 한 마리처럼요. 지구 생태계의 각 단계는 러시아의 마트료시카 인형 같아서 아래 단계가 위 단계에 포함된답니다.

군집
한 지역에서 살아가는 동물, 식물, 균류(버섯, 곰팡이, 효모류), 세균 같은 생물의 집단. 공기, 물, 흙 같은 무생물은 포함하지 않아요.

개체군
청설모의 임무, 도토리를 찾아라!

같은 군집에 속한 같은 생물종의 집단.

개체
내가 사는 곳은 서식지, 내가 살아가는 방식은 생태적 지위라고 해.

독립된 하나의 생물.

생물 군계는 지구를 알기 쉽게 나누어 설명하는 한 가지 방식이에요. 생물 군계란 비슷한 기후에 살면서 거기에 적응한 생물들로 이루어진 생태계를 말하지요. 크게 육상 생물 군계와 수상 생물 군계로 나뉘고, 각각을 아래처럼 더 자세히 나눌 수도 있답니다. 아래 지도를 보면 지구의 반대편에 있는 곳이라도 서로 비슷한 점이 있다는 걸 알 수 있어요.

- 바다
- 민물
- 습지
- 극지
- 한대 초원(툰드라)
- 산지
- 냉대림(타이가)
- 온대림
- 열대 우림
- 열대 계절림
- 온대 초원(스텝, 프레리, 팜파스)
- 관목지
- 열대 초원(사바나)
- 사막

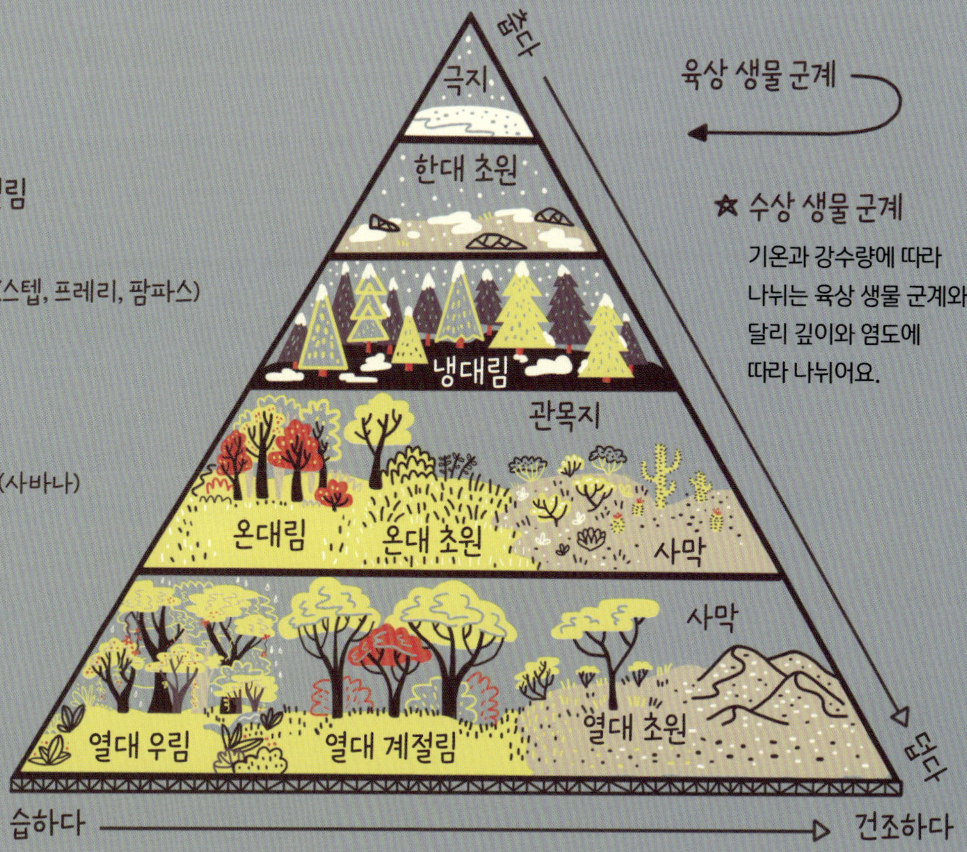

육상 생물 군계

★ **수상 생물 군계**
기온과 강수량에 따라 나뉘는 육상 생물 군계와 달리 깊이와 염도에 따라 나뉘어요.

피라미드 (위에서 아래로, 춥다 → 덥다):
- 극지
- 한대 초원
- 냉대림
- 온대림 / 관목지
- 온대림 / 온대 초원 / 사막
- 열대 우림 / 열대 계절림 / 열대 초원 / 사막

습하다 → 건조하다

영양 단계
한 생물이 먹이 그물에서 차지하는 위치를 말해요.
크게는 생산자, 소비자, 분해자로 나눌 수 있어요.

먹고 먹히는 관계
생산자인 식물은 태양 에너지로 직접 영양분을
만들어요. 동물은 소비자예요. 그중에서도 초식 동물은
식물만 먹고, 육식 동물은 다른 동물을 잡아먹어요.
잡식 동물은 동물도 먹고 식물도 먹지요.
분해자는 죽은 생물이나 배설물을 먹는답니다.

먹이 그물
생물들 사이의 에너지 흐름을 그린 지도를 말해요.
누가 누구를 먹고 누가 누구에게서 에너지를 얻는지
보여 주지요. 그림 속 화살표는 먹고 먹히는 관계를
거쳐 에너지가 이동하는 방향을 나타내요.

생명에 필요한 모든 에너지는
태양 ✳ 에서 비롯돼요.

✳ 어떤 미생물은 태양 대신 해저의 열수구에서
에너지를 얻는답니다. 열수구는 뜨거운 물과
가스가 솟아나는 샘을 말해요.

생태계란 무엇일까요?

자연에서는 외로운 늑대조차 혼자가 아니에요. 지구의 모든 생물은 다른 생물에게 기대어 살아가지요. 생태계를 연구하면 우리가 얼마나 자연에 의존하는지 알 수 있어요. 그리고 생물들이 서로 어떤 관계를 맺으며 살아가는지도 알 수 있지요. 누가 무엇을 먹고, 누가 누구와 어떤 자원을 두고 경쟁하는지를 말이에요. 또 생물이 흙이나 온도, 공기, 물처럼 자신을 둘러싼 환경과 어떻게 상호 작용하는지도 배울 수 있답니다.

우리는 생물과 환경 사이의 상호 작용에서 많은 것을 얻어요. 크고 작은 생태계가 숨 쉴 공기와 신선한 물을 주고, 자연재해로부터 우리를 지켜 주며, 흙을 기름지게 하고, 식량을 책임지지요. 생태계를 공부하면 태양에서 나온 에너지가 어떻게 먹이 그물을 통해 흐르고, 거듭되는 삶과 죽음과 분해 과정을 통해 영양소가 어떻게 재활용되는지 알 수 있어요. 생태계가 건강해야만 자연이 지구의 생물을 돌보는 힘든 일을 계속해서 잘 할 수 있답니다.

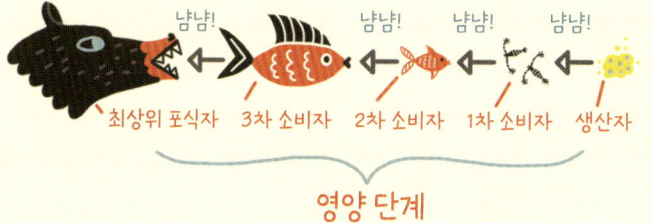

화살표는 에너지의 흐름을 보여 줘요.

최상위 포식자 ← 3차 소비자 ← 2차 소비자 ← 1차 소비자 ← 생산자

영양 단계

에너지의 흐름

우리 몸과 그 밖의 모든 것을 구성하는 물질은 절대 없어지거나 새로 생겨나지 않아요. 형태가 바뀌고 순환하면서 계속해서 재사용될 뿐이에요. 하지만 에너지는 달라요. 새로운 에너지가 태양에서 지구의 생태계로 끊임없이 흘러들어 오고, 사용된 다음에는 열에너지가 되어 영원히 사라져요. 생물이 서로 잡아먹는 것은 몸이 자라는 데 필요한 필수 영양소를 얻기 위해서만은 아니에요. 먹이는 활동할 에너지도 주지요. 생명에 필요한 에너지는 거의 다 태양에서 와요. 생산자인 식물과 조류(꽃이 피지 않고 뿌리, 줄기, 잎이 구분되지 않는 수중 식물)는 광합성을 통해 포도당을 만들어 태양 에너지를 화학 에너지로 바꾸어 저장해요. 식물은 태양 에너지를 이용해 만든 화학 에너지의 90퍼센트 가량을 사용하고, 나머지 10퍼센트만 녹말 따위로 바꾸어 저장하지요. 식물이 다른 동물에게 먹히면 이 저장된 에너지가 먹이 그물을 타고 여행을 시작해요. 동물은 식물이나 다른 동물에서 얻은 화학 에너지를 운동 에너지나 열에너지로 바꾸어서 살아간답니다.

생산자는 먹이 그물의 가장 아래쪽에 있고, 에너지를 가장 많이 저장해요. 먹이 그물을 따라 생산자에서 1차 소비자, 2차 소비자, 그리고 그 이상으로 올라가면서 저장된 에너지의 대부분이 사용되고 일부만 남아 다음 단계로 전달돼요. 그러니까 먹이 그물의 제일 꼭대기에 있는 최상위 포식자가 1차 소비자와 같은 양의 에너지를 얻으려면 1차 소비자보다 훨씬 많이 먹어야 한답니다.

나를 먹여 살리려면 청설모 몇 톤은 있어야 해!

10퍼센트의 에너지가 다음 영양 단계로 넘어가요 (100칼로리)

10퍼센트의 에너지가 다음 영양 단계로 넘어가요 (1,000칼로리)

태양에서 생산자로 (10,000칼로리)

태양 에너지

90퍼센트의 에너지가 사용되고 방출돼요.

90퍼센트의 에너지가 사용되고 방출돼요.

사용할 수 있는 에너지의 양은 영양 단계를 거치면서 줄어들어요.

생물의 분류 단계

생물의 분류 단계는 과학자들이 서로 다른 종을 쉽게 알아보고 구분하게 해 줘요. 생물의 분류 단계에는 지금까지 지구에 살았던 모든 생물이 포함돼요. 그래서 이 분류 단계를 보면 지구에서 생명체가 어떻게 진화해 왔는지, 서로 다른 종들이 어떤 공통점을 지니고 있는지 알 수 있지요. 수천 년 전에 멸종한 종이거나 지구 반대편에 사는 종이라 해도 말이에요.

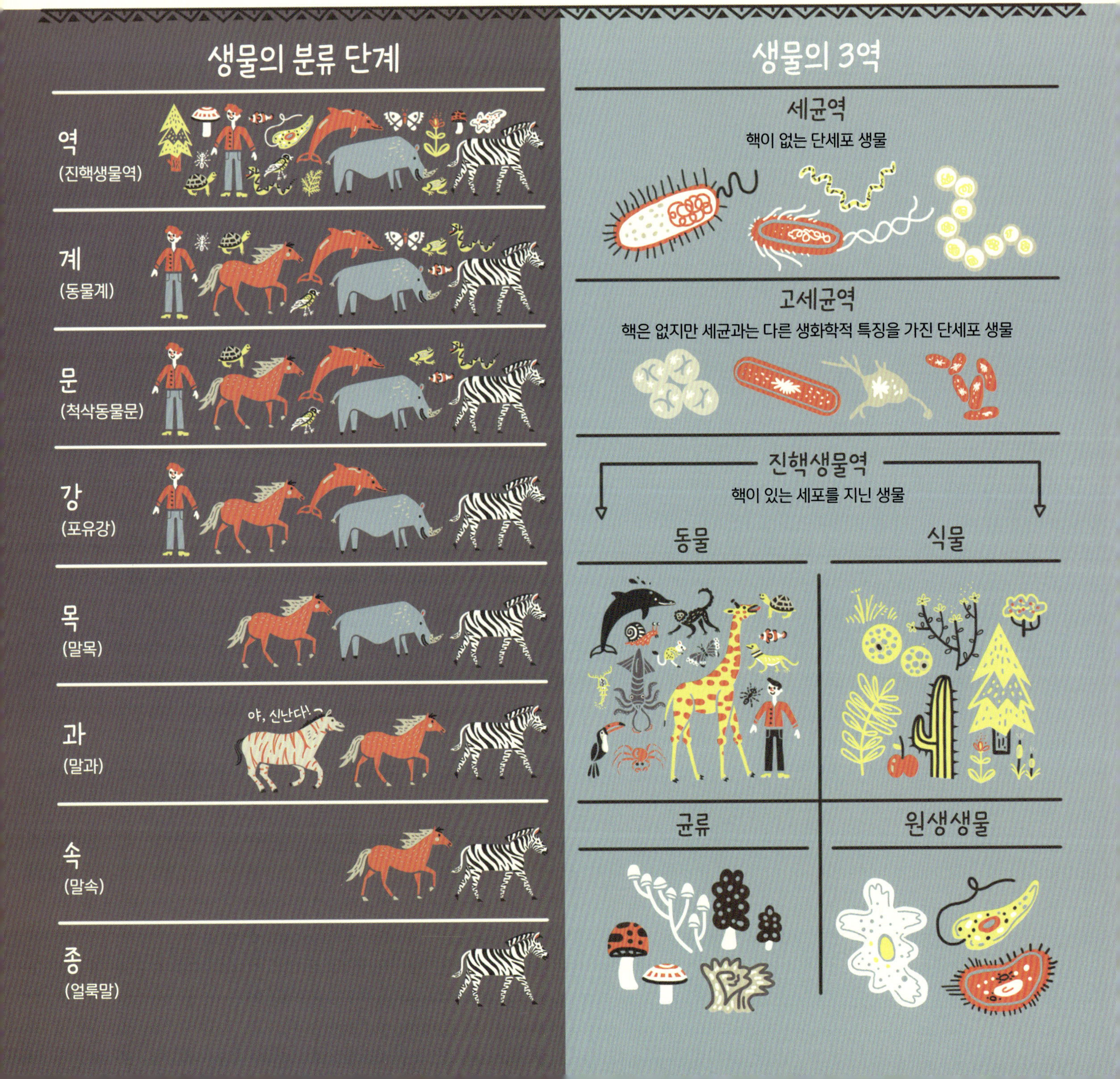

생물의 분류 단계

- **역** (진핵생물역)
- **계** (동물계)
- **문** (척삭동물문)
- **강** (포유강)
- **목** (말목)
- **과** (말과)
- **속** (말속)
- **종** (얼룩말)

생물의 3역

세균역
핵이 없는 단세포 생물

고세균역
핵은 없지만 세균과는 다른 생화학적 특징을 가진 단세포 생물

진핵생물역
핵이 있는 세포를 지닌 생물

- 동물
- 식물
- 균류
- 원생생물

생물의 상호 작용

텔레비전 다큐멘터리에서 사자가 얼룩말을 쫓는 장면을 본 적이 있을 거예요. 그건 동물이 상호 작용하는 모습 중 하나예요. 먹이와 자원을 구하고 보금자리를 찾아서 번식하는 것은 모든 생물에게 매우 중요한 일이에요. 그러기 위해서 동물, 식물, 세균은 여러 방식으로 서로 얽히고설키며 살아남도록 진화했답니다. 생물들 사이의 다양한 관계는 생태계를 균형 있고 건강하게 유지시켜 주지요.

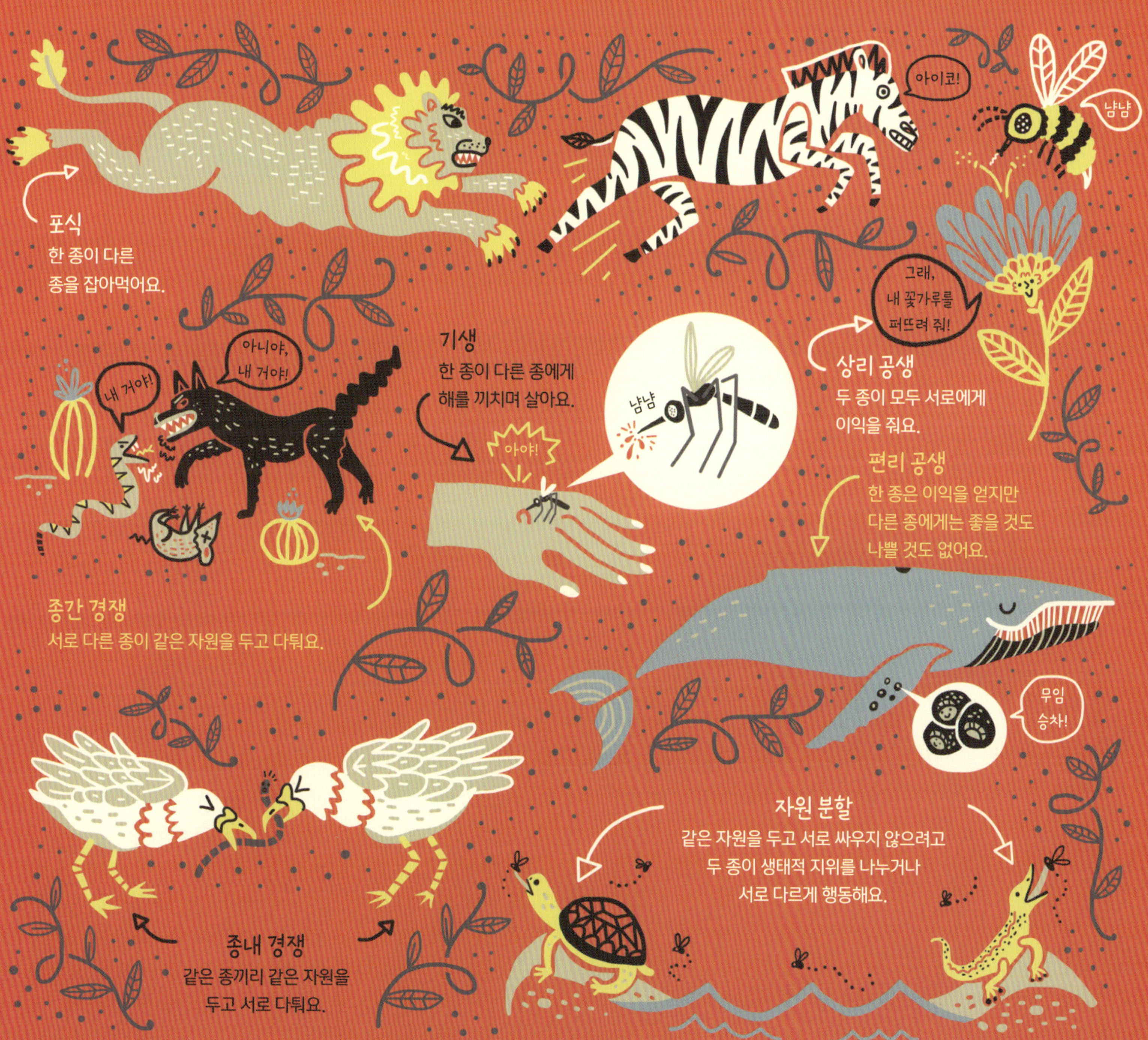

포식
한 종이 다른 종을 잡아먹어요.

종간 경쟁
서로 다른 종이 같은 자원을 두고 다퉈요.

종내 경쟁
같은 종끼리 같은 자원을 두고 서로 다퉈요.

기생
한 종이 다른 종에게 해를 끼치며 살아요.

상리 공생
두 종이 모두 서로에게 이익을 줘요.

편리 공생
한 종은 이익을 얻지만 다른 종에게는 좋을 것도 나쁠 것도 없어요.

자원 분할
같은 자원을 두고 서로 싸우지 않으려고 두 종이 생태적 지위를 나누거나 서로 다르게 행동해요.

건강한 생태계의 조건

홍수! 태풍! 산불! 전염병! 동물과 식물은 어떤 생태계에 살더라도 많은 어려움을 헤쳐 나가야 해요. 건강한 생태계는 끔찍한 자연재해, 변화, 어려움에도 잘 적응하고 금세 회복할 수 있어요.

생물 다양성

생태계는 다양한 동물, 식물, 그 밖의 생물 들의 보금자리예요. 생물 다양성은 생태계를 건강하고 튼튼하게 만드는 가장 중요한 요인이지요. 생태계 안의 생물종이 다양할수록 야생 동물이 먹이와 서식지를 얻을 기회가 더 많아져요. 생물 다양성은 먹이 그물이 복잡할 때 나타나요. 생물종이 다양할수록 물질이 순환하고 분해되어 새로운 식물이 자랄 표토(땅 표면의 흙)가 되는 방법도 더 다양해지지요.

모든 종은 환경의 변화에 서로 다르게 반응하고 행동해요. 숲 전체에 식물이 딱 한 종류밖에 없다면 어떨까요? 그 식물은 숲속의 먹이 그물에서 먹이와 서식지를 제공하는 유일한 종이 되겠지요. 그런데 갑작스레 가뭄이 들어 이 식물이 모두 죽어 버린다면 어떻게 될까요? 초식 동물은 먹을 것이 없어서 굶어 죽을 거예요. 잡아먹을 초식 동물이 사라졌으니 육식 동물도 마찬가지겠지요. 하지만 다양한 식물이 자라는 숲이라면 갑작스러운 변화가 찾아와도 그렇게 영향이 크지는 않을 거예요. 식물마다 가뭄에 대처하는 방식이 달라서 가뭄이 들어도 살아남는 식물이 많을 테니까요. 초식 동물이라 해도 한 종류의 식물만 먹고 사는 경우는 흔치 않답니다. 그러니까 생물 다양성이 높은 숲의 생태계는 훨씬 안전하겠지요.

생태계의 변화, 교란(원래의 환경이 흐트러지면서 불안해진 상태), 재해는 피할 수 없어요. 어떤 교란은 생태계에 큰 영향을 미쳐서 특정한 동식물이나 미생물의 종 수를 줄어들게 하거나 멸종시킬 수도 있어요. 하지만 생물 다양성이 높은 생태계라면 그런 교란이 일어나도 많은 종이 살아남고 생태계 전체가 다시 회복될 수 있답니다. 생물 다양성이 낮을수록 생태계는 더 약해질 수밖에 없어요.

생태적 지위

생태계 안에서 한 생물의 역할과 사는 방법, 그러니까 사는 곳, 먹이를 구하고 번식하는 방법, 다른 생물이나 무생물과 상호 작용하는 방법 따위를 그 생물의 생태적 지위라고 불러요. 만약 서로 다른 두 종이 같은 생태적 지위를 갖고 있다면 서로 경쟁해야겠지요. 모든 경쟁이 그렇듯 경쟁에서 진 종은 사는 방식을 바꾸거나 적응하지 않으면 살아남지 못해요.

핵심종

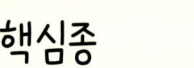

어떤 생태계에는 군집 전체가 직접 또는 간접적으로 의존하는 특별한 동물과 식물이 있어요. 이것을 핵심종이라고 불러요. 핵심종의 개체 수가 줄어들거나 위태로워지면 생태계 전체가 끝장날 수도 있어요. 따라서 핵심종을 파악하고 보호하는 일은 매우 중요하답니다.

종 균등도

숲속에 토끼보다 늑대가 많으면 어떻게 될까요? 토끼가 새끼를 낳기도 전에 늑대가 토끼를 모조리 잡아먹겠지요. 포식자와 피식자(먹잇감) 사이에서 이런 일이 일어나지 못하게 막아 주는 것이 종 균등도예요. 먹이 사슬에서 더 높은 단계에 있는 생물이 낮은 단계에 있는 생물보다 많아지면 먹잇감인 생물은 멸종할 수밖에 없어요. 그래서 생태학자들은 각 종의 개체 수를 파악해 생태계가 균형을 이루며 온전히 유지되도록 돕는답니다.

같은 영양 단계에 있는 동물끼리도 균등도를 유지할 필요가 있어요. 예를 들어, 한 생태계에 토끼가 지나치게 많으면 다른 1차 소비자들이 먹을 풀이 부족할 거예요. 또는 같은 영양 단계에 있는 동물이 토끼밖에 없다 하더라도 야생 토끼병 같은 질병이 퍼져서 토끼 수가 크게 줄어들면, 포식자들도 마땅한 사냥감이 없어서 결국 모두 멸종될 거예요. 이렇듯 종 균등도를 유지하는 것은 생물 다양성을 유지하는 데 매우 중요해요.

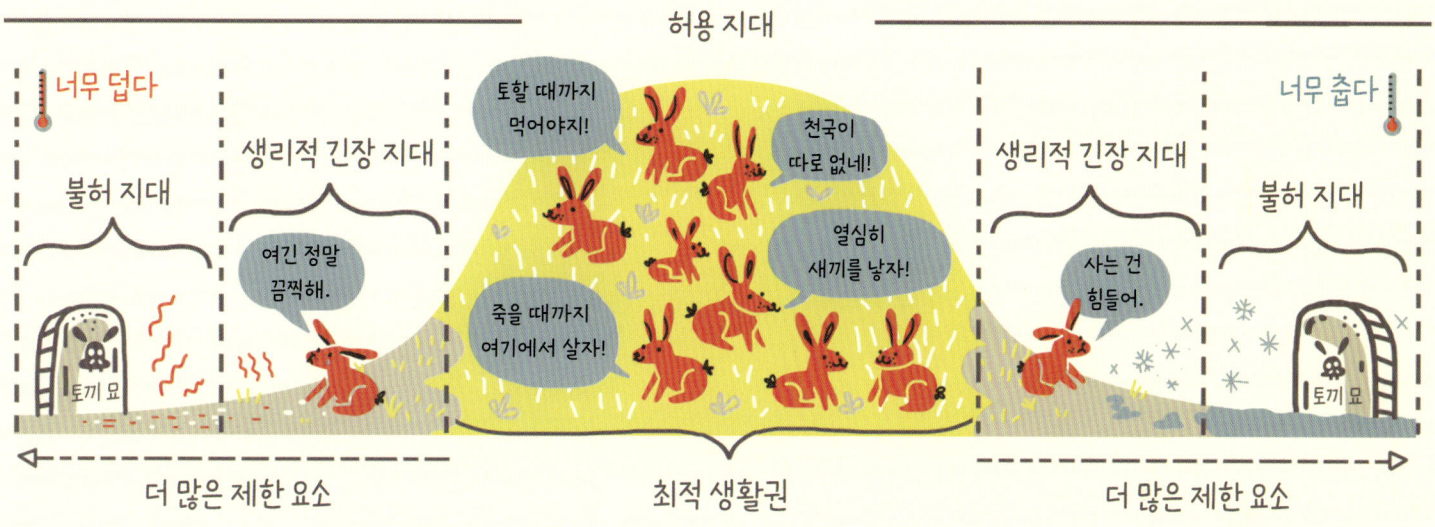

한 생태계에 포식자, 자원 부족, 나쁜 날씨, 질병 같은 제한 요소가 너무 많으면 개체군이 살아남지 못할 거예요. 반대로 제한 요소가 적으면 살기가 좋아져서 개체군이 걷잡을 수 없이 불어나지요. 하지만 어느 한 종의 개체 수가 다른 종보다 지나치게 많아지면, 그 지역의 생물 다양성이 파괴되고 자원이 고갈되기도 한답니다.

가장자리 생태계

가장자리 생태계는 중심부만큼이나 중요해요. 그중에서도 서로 다른 두 생물 군계나 생태계가 섞이는 곳을 '전이 지대'라고 불러요. 숲이 초원으로 바뀌는 곳이나 물과 육지가 나뉘는 강둑 같은 곳이 바로 전이 지대지요. 전이 지대는 서로 다른 두 생물 군계를 섞기도 하고 가르기도 하면서 다양한 동물을 끌어들이거나 내쫓아요. 또 땅이 침식되는 걸 막고, 생태계 중심부를 침입종으로부터 지키며, 동물들에게 특별한 자원을 제공하지요. 동물들이 숨거나 짝짓기를 하거나 새끼를 키우기에도 안성맞춤이랍니다. 어떤 동식물은 전이 지대 또는 그 근처에서만 살 수 있게 진화했어요. 그런 생물들을 '가장자리종'이라고 부르지요. 생태계 안쪽에서만 살 수 있는 종들에게는 가장자리가 방어벽이나 다름없어요. 생태계 중심부는 모두 전이 지대나 가장자리 서식지로 둘러싸여 있어요. 사람들이 이 가장자리 서식지를 고려하지 않고 건물이나 도로를 짓는다면, 생태계 중심부도 망가지고 줄어들 거예요.

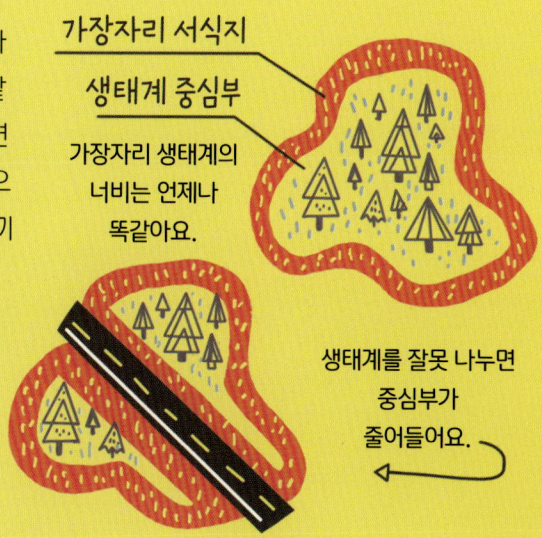

천이

변화가 무조건 나쁜 건 아니에요! 처음 생명이 생겨났을 때부터 지구에서는 변화가 끊이지 않았어요. 지구는 각각 다른 생물이 지배하는 여러 시대를 거쳐 왔어요. 공룡의 멸종부터 거대한 도시 건설에 이르기까지 아무리 큰 변화가 일어나도 생명체는 적응할 방법을 찾아내요. 1차 천이는 생명이 없는 척박한 황무지에 식물이 맨 처음 뿌리를 내리고 토양을 만드는 과정을 말해요. 2차 천이는 생태계가 교란에 적응하는 과정이에요.

때로는 작은 교란이 생태계를 더 강하고 유연하게 만들기도 해요. 예를 들어 작은 산불이 일어나 숲의 일부가 파괴되면 불탄 곳에선 작은 식물들에게 유리한 미기후(좁은 지역에서 나타나는 주변과 다른 기후)가 형성돼요. 새로운 풀, 야생화, 관목이 자라면서 전혀 다른 서식지가 만들어지지요. 이렇게 숲의 생물이 다양해지면 생태계의 회복력이 더 좋아져요. 산불이나 홍수, 서리 같은 적당한 교란이 필요하도록 진화한 생태계도 있어요.

크든 작든 모든 생태계에서 교란은 피할 수 없어요. 교란은 잔디밭 위에 주차한 트럭 정도로 작을 수도 있고, 2억 5천만 년 전 화산 폭발로 지구 생물종의 96퍼센트가 멸종한 페름기 말 대멸종처럼 파괴적일 수도 있어요. 하지만 우리가 아는 한 생명은 언제나 교란을 극복하고 되돌아왔어요. 문제는 회복하는 데 걸리는 시간이겠지요. 교란의 규모가 클수록 생물이 돌아오는 데 필요한 시간이 길어져요. 어떨 때는 수백만 년이 걸리기도 하지요.

인구가 늘어나면 지구가 힘들어져요. 도시가 커지면서 오염이 심해지고, 동물과 식물이 빠른 속도로 멸종하고, 지구의 모습이 달라지고 있지요. 어떤 과학자들은 인간이 지구를 제멋대로 바꿔 놓는 바람에 대멸

종이 일어날 거라고 생각해요. 우리는 다른 생물들과 지구를 나누어 쓰고 있어요. 그러니까 도로와 건물을 지을 때 다른 생물의 삶을 방해하면 안 된다는 사실을 기억해야 해요.

1차 천이

천이의 초기에 생명이 없는 장소로 이주해 처음 자리 잡는 생물을 선구종이라고 해요.
선구종은 그곳의 흙과 물을 변형해 생물이 자랄 수 있는 상태로 바꿔요.

— 황무지 —
화산이 폭발했거나 운석이 떨어졌거나 도로가 포장되는 바람에 더는 생명이 살지 않는 환경이에요. 생명은 빨리 돌아올 수도 있고, 수백 년에서 수백만 년이 걸려 돌아올 수도 있어요.

— 선구종 —
비는 땅을 생명이 살 만한 상태로 만들어 줘요. 바람은 활기찬 세균과 아주 작은 생물, 그리고 양치류, 이끼류, 균류, 조류의 포자를 실어 와요. 이 생물들이 살고 죽으면서 오랜 시간에 걸쳐 토양이 만들어지지요.

— 기름진 흙 —
시간이 지나면서 단단한 바위가 잘게 부서지고 선구종의 한살이가 흙을 기름지게 만들면 거기에서 작은 식물들이 자라기 시작해요.

2차 천이

2차 천이는 1차 천이가 일어난 다음에 일어나요.
땅을 완전히 망가뜨리지 않는 적당한 수준의 교란이 일어났을 때 발생하기도 해요.

1차 천이 성공.
흙이 생겨나고 식물과 씨앗이 살 곳을 찾았어요.

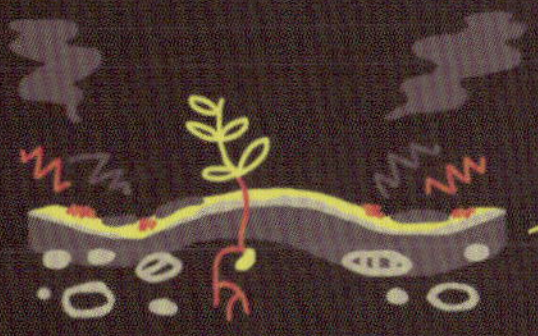

— 풀 —

— 관목 —

— 어린 숲 —

교란이 일어났어요. 하지만 땅이 완전히 망가지지는 않았고, 살아남은 식물과 씨앗이 있어요.

— 다 자란 숲 —

숲의 예

미소 생태계

다양한 크기의 생태계를 확대·축소해 보면 자연계가 어떻게 작동하는지 알 수 있어요. 큰 생태계는 보통 수많은 작은 생태계와 군집으로 이루어지고, 그 안에서 따로 미기후가 만들어지기도 해요. 미소 생태계는 큰 생태계 안에 있는 작은 생태계를 말해요. 이 작은 서식지를 공유하는 생물과 무생물은 그 서식지를 포함하는 더 큰 생태계의 생물들과도 상호 작용을 해요. 예를 들어 숲속의 연못은 하나의 작은 생태계지만, 그 숲에 사는 다른 동물들에게도 물과 먹이를 주지요. 미소 생태계는 많은 자원을 제공하고 생물 다양성을 이루어 큰 생태계를 안정시켜요. 여기 미소 생태계의 두 가지 예가 있어요.

썩은 통나무

굴벌레나방, 지의류, 굴벌레나방 애벌레, 솜털딱따구리, 나무, 흰개미, 느타리버섯, 갈색 부후균*, 지네, 나무좀, 수액, 진딧물 단물, 왕개미, 세균

* 갈색 부후균: 나무를 갈색으로 썩어 들어가게 하는 균.

미생물 생태계

과학자들은 지구에 1조가 넘는 미생물종이 있다고 생각해요. 미생물은 우리 주위에 어디에나 있어요. 피부에도, 음식에도, 신발에 묻은 흙에도, 숨 쉬는 공기에도요. 현미경 아래에 물 한 방울만 떨어뜨려도 살아 있는 생명으로 가득 찬 세상을 볼 수 있지요. 하지만 너무 징그럽게 생각하지는 말아요. 미생물은 우리에게 꼭 필요한 존재이니까요. 지구의 모든 생물은 모두 이 작디작은 생물에게 기대어 살아간답니다. 숨 쉬는 공기에서 먹는 음식까지 모두 다 말이에요.

식물 플랑크톤이라고 불리는 아주 작은 식물은 해양 먹이 그물의 밑바닥을 이루어요. 바다에 사는 모든 생물이 결국 식물 플랑크톤에 의지하는 셈이죠. 바닷속 식물들은 지구에 있는 산소의 절반 이상을 만들어요. 나머지는 육지에 사는 식물들이 만들고요. 그것만이 아니에요. 미생물은 죽은 동식물을 기름진 토양으로 바꿔 주는 중요한 분해자이기도 해요. 새로 만들어진 흙에서 식물이 자라고, 그 식물이 동물과 인간을 먹여 살리지요. 미생물과 세균은 생태계에서 탄소, 질소, 인 같은 필수 영양소를 순환시키는 아주 중요한 역할을 맡고 있어요. 미생물이 없다면 지구의 어떤 생명도 살아남을 수 없을 거예요.

세균을 비롯한 미생물들은 보통 척박한 환경에 가장 먼저 정착해서 살기 시작해요. 그러면서 아무것도 없는 황무지를 생명이 넘치는 풍성한 생태계로 만들어 주지요. 미생물은 우리와 상관없는 세계에 살고 있는 것처럼 보이지만, 우리가 사는 세계는 미생물이 없으면 아예 존재하지도 않을 거예요.

물 한 방울 속에

*규조류: 조류의 한 종류로 흔히 '돌말'이라고 불린다.
*남세균: 엽록소를 가지고 광합성을 하는 세균.
*오징어 유생: 알에서 갓 깨어난 오징어 유생은 크기가 1밀리미터도 되지 않는다.

흙 속에

- 버섯
- 식물 (생산자)
- 달팽이
- 쥐며느리
- 부식성 동물* 절지동물
- 썩은 물질
- 노래기
- 토양
- 물
- 진드기
- 뿌리
- 지렁이
- 지렁이가 만든 굴
- 육식성 선충*
- 곰팡이와 세균을 먹는 식균성 선충
- 식물의 뿌리를 먹는 초식성 선충
- 질소
- 인
- 탄소
- 분해
- 곰팡이
- 원생동물*
- 세균
- 썩은 고기

*부식성 동물: 썩은 먹이를 먹는 동물.
*선충: 실처럼 길고 가는 몸을 가진 동물로 기생충이 대부분 선충에 속한다.
*원생동물: 하나의 세포로 이루어진 원시적인 동물.

북아메리카

북아메리카는 춥고 얼음으로 뒤덮인 그린란드에서 따뜻하고 숲이 우거진 파나마까지 이어져요. 과거에는 '신대륙'이라고 불리며 인류 역사의 새로운 장이 열린 곳이기도 하지요.

1~2만 년 전, 처음 북아메리카에 살던 사람들은 아시아인이었어요. 많은 고고학자들이 시베리아와 북아메리카가 육로로 연결되어 있던 시절에 유목 민족들이 걸어서 북아메리카로 건너갔다는 증거를 찾아냈어요. 수천 년 동안, 그리고 여러 세대에 걸쳐 수많은 사람들이 북극권에서 남아메리카 끝까지 퍼져 나가면서 다양한 국가와 문화, 민족을 이루었지요. 한때는 번성했던 원주민 부족은 이제 일부만 남아 있어요. 1500년대에는 유럽에서 포르투갈과 스페인이 이끄는 원정대가 북아메리카에 도착했어요. 사실 '아메리카'라는 이름은 초기 유럽 원정대였던 이탈리아 탐험가 '아메리고 베스푸치'의 이름에서 유래했어요. 유럽은 새롭게 발견한 이 땅을 정복해 식민지로 삼고는 원주민들을 폭력적으로 지배했어요. 이 인간 침입자들과 함께 들어온 새로운 세균, 동물, 식물 들도 토종 생태계를 변형하고 파괴했지요. 살아남은 원주민들은 아직도 유럽 식민지 역사에서 벗어나지 못한 채 살고 있어요.

유럽인들이 들어오면서 농사 짓는 방법에 엄청난 변화가 일어나고 침입종도 늘어났어요. 1700년대부터 오늘날까지, 유럽인들은 이 기회의 땅으로 수많은 고향의 동식물들을 실어 날랐어요. 새로 들어온 야생 동식물은 생태계에 큰 해를 끼치고 균형을 깨뜨렸지요. 하지만 때로는 새로 들어온 종 덕분에 골치 아픈 문제를 해결하기도 했어요. 예를 들어 유럽과 아시아에서 들여온 말과 밀은 주요 운송 수단과 주식이 되었고, 북아메리카의 여러 지역의 경관, 문화, 경제의 중요한 부분을 차지했어요. 이렇게 북아메리카는 전 세계에서 온 이민자들의 터전이자, 여러 문화가 조화롭게 뒤섞인 인종의 용광로가 되었답니다.

들여다보아요
레드우드 숲의 생태계

레드우드 국립 공원의 레드우드(미국삼나무)는 세계에서 가장 키가 큰 나무예요. 웬만한 고층 건물 높이에도 지지 않지요. 레드우드는 키가 90미터도 넘게 자라고 2천 년 넘게 살아요. 게다가 1억 6천만 년 전 쥐라기에 살았던 나무와 사촌이랍니다. 미국의 소설가 존 스타인벡은 "레드우드는 당신이 아는 여느 나무와 다르다. 이 나무는 시간을 건너온 사절이다."라고 말했대요.

레드우드는 지구에서 회복력이 가장 뛰어난 종이기도 해요. 홍수와 산불도 잘 이겨 내지요. 줄기에 엄청난 양의 물을 머금고 있어서 불이 나도 끄떡없어요. 사실 작은 산불은 전나무, 가문비나무, 미국솔송나무 같은 나무들이 서로 경쟁하면서 잘 자랄 수 있게 해 줘요. 숲이 생물 다양성을 유지할 수 있게 하고, 끔찍한 대형 산불이 일어나는 걸 막아 주기도 하지요.

레드우드는 회복력이 뛰어난 나무이긴 하지만, 차갑고 축축한 환경에서만 살 수 있어요. 특히 북아메리카 태평양 연안의 좁고 길게 이어진 땅에서 잘 자라는데, 이곳은 바다가 있어서 비가 자주 오고 안개도 자주 끼지요. 사실 비가 많이 내리면 물이 흘러넘치면서 흙의 영양분도 함께 씻겨 나가곤 해요. 하지만 숲 바닥에 사는 곰팡이나 세균 같은 분해자, 그리고 곤충들이 불에 탄 나무와 죽은 동식물을 분해해서 흙에 다시 생기를 불어넣어요. 이렇게 레드우드 숲 생태계는 열심히 새로운 표토를 생성해 숲을 아름답게 만들어요. 그리고 미국 국립 공원 관리국은 방문객들이 이 고대의 숲을 계속해서 즐길 수 있도록 산불을 관리하고 숲을 보호한답니다.

이렇게 이로워요

숲은 대기 중의 탄소를 흡수하고 산소를 생산해요. 특히 레드우드 숲은 탄소를 흡수하는 속도가 유난히 빨라요. 레드우드가 빠른 속도로 자라는 데다 줄기에 다른 나무보다 세 배나 많은 탄소를 저장하기 때문이에요. 자동차와 공장에서 뿜어내는 이산화탄소 오염이 심각해지면서 레드우드 숲을 보존하는 일이 더 중요해졌어요.

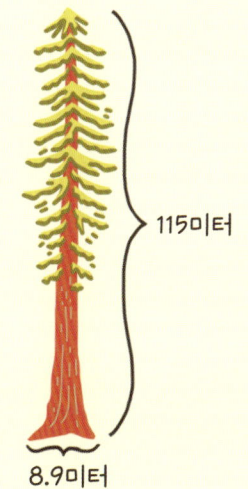

115미터

8.9미터

레드우드는 1년에 14만 세제곱센티미터씩 자라요. 연필 320만 개와 맞먹는 부피죠.

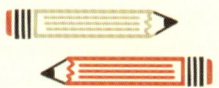

레드우드의 뿌리 가까이에는 씨앗이 가득 찬 울룩불룩한 옹이가 있어요. 나무줄기가 돌이킬 수 없을 만큼 크게 다치면 이곳에서 잠자던 씨앗들이 싹을 틔워 새로운 나무로 자란답니다.

1800년대 말에서 1900년대 초에 관광객들이 자동차를 타고 나무를 통과할 수 있도록 레드우드와 세쿼이아 몇 그루에 구멍을 낸 일이 있었어요. 이 '터널 나무' 중 일부는 아직 남아 있지만, 줄기에 구멍이 났으니 결국은 죽게 될 거예요.

레드우드 숲 근처 바다에서는 바다표범, 바다사자, 돌고래, 고래를 볼 수 있어요.

하와이 원주민들은 캘리포니아 바닷가에서 하와이까지 파도에 떠밀려 온 레드우드 통나무를 파서 길이 30미터가 넘는 카누를 만들었대요.

115미터 레드우드
96미터 런던의 빅 벤 시계탑
84미터 세쿼이아
76미터 더글러스소나무
6미터 사과나무
1.6미터 사람

이렇게 위협받고 있어요

레드우드 숲은 대부분 보호 구역으로 지정되어 있지만, 여전히 무분별한 벌목과 도시 건설 때문에 위협을 받아요. 숲의 가장자리 생태계까지 교란되면 숲 전체가 다칠 수도 있어요. 생태학자들은 작은 산불처럼 자연적으로 일어나는 이로운 교란을 막지 않으면서 레드우드 숲을 복원하려고 애쓰고 있답니다.

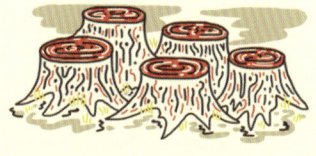

들여다보아요
대평원의 생태계

"절대 고독, 대평원의 야생이 지닌 외로운 자유에는 거부할 수 없는 매력이 있다. 나는 종종 핑계를 대고 혼자서 그곳으로 떠나곤 한다." 시어도어 루스벨트 대통령은 대평원에 대해 이렇게 말했어요. 그리고 자연에 대한 감사와 존중의 마음을 담아 미국 국립 공원 관리국을 만들었지요. 대평원은 그저 조용하고 드넓은 풀밭처럼 보이지만, 사실은 생명으로 가득해요. 새들이 하늘 위로 날아오르고 수풀 아래에서는 뱀, 땅다람쥐, 곤충 들이 싸움을 벌이지요. 한때 대평원은 세계에서 가장 풍부한 토양을 지닌 생태계였어요. 아메리카들소와 말코손바닥사슴 같은 야생 동물들도 아프리카 사바나(63쪽 참고)에 맞먹을 정도로 많이 살았지요. 하지만 지난 2백 년 동안 많은 것이 변했답니다.

1800년대에 인구가 늘어나면서 사람들은 기름진 대평원을 농사, 목축, 사냥에 더 많이 이용하기 시작했어요. 아무리 자원이 풍부한 땅이라도 지나치게 사용하면 타격을 입게 마련이에요. 1930년대에는 잘못된 농사법과 가뭄 때문에 '황진'이라는 엄청난 모래 폭풍이 일어났어요. 10년에 가까운 가뭄이 끝난 뒤, 사람들은 망가진 토양을 회복하기 위해 많은 노력을 기울여야 했지요. 하지만 여전히 대평원의 많은 지역이 농사를 짓는 데 쓰이고 있어요. 대평원에서 일어나는 자연의 한살이는 땅을 기름지게 만들고 뿌리가 긴 풀은 물을 머금어 가뭄을 막아 줘요. 대평원을 잘 보존하면 끔찍한 황진이 다시는 일어나지 못하게 막을 수 있을 거예요.

이렇게 이로워요

대평원에서 자라는 풀은 긴 뿌리로 자그마치 2백 밀리미터나 되는 빗물을 흡수해서 홍수를 막아 줘요. 풀 뿌리에 저장된 물 덕분에 비가 내리지 않는 건기에도 살아남을 수 있지요. 그리고 초원에 사는 야생 동물의 한살이는 흙에 천연 비료를 제공해 농작물과 가축을 기르기 좋은 땅으로 만든답니다. 농부들이 농지 주변에 야생 초원을 남겨 둔다면 물과 화학 비료를 덜 쓰고도 농작물을 잘 키울 수 있을 거예요.

대평원에 사는 가지뿔영양은 북아메리카에서 가장 빠른 동물이에요. 최대 시속 88킬로미터까지 달릴 수 있어요.

대평원에는 세계에서 가장 큰 풍력 발전 단지가 있어요.

1890년대에 대평원에 살던 6천만 마리 들소가 과도한 사냥으로 거의 멸종될 뻔했어요. 다행히 환경 운동가들이 남은 1천 마리 들소를 보호하며 수를 늘려 가기 시작했지요. 오늘날에는 50만 마리에 가까운 들소가 대평원을 돌아다니고 있답니다.

산쑥들꿩은 멋진 짝짓기 춤으로 잘 알려진 새예요. 산쑥들꿩이 많다는 건 그 생태계가 아픈 데 없이 건강하다는 뜻이랍니다.

나는 사랑을 위해 춤춘다네!

북아메리카 평원 중 3만 6천 제곱킬로미터에 이르는 땅은 아메리카 원주민 부족들이 관리하고 있어요. 그중 많은 부족이 저마다의 생태 계획을 가지고 망가진 땅을 되살리고 있지요.

이렇게 위협받고 있어요

루스벨트 대통령은 대평원이 잘 보존되길 바랐지만, 오늘날 이곳은 지구 상에서 가장 위협받는 생태계 중 하나예요. 대평원이 대규모 단일 경작(한 종류의 식물만 재배하는 방식)에 쓰이면서 생물 다양성이

파괴된 데다 제멋대로 들어선 건물들이 야생 동물의 이동 경로를 방해하고 서식지를 위협하는 탓이지요. 그래서 농부, 목장주, 환경 운동가, 아메리카 원주민 부족 들이 힘을 모아 보호 구역을 넓히고 야생 초원을 되살리려 노력하고 있어요.

들여다보아요
플로리다 맹그로브 습지의 생태계

맹그로브 숲의 습지에서는 길을 잃기 쉬워요. 관광객들은 카누를 타고 맹그로브 뿌리와 가지가 뒤엉킨 촘촘한 미로를 지나야 하지요. 맹그로브 나무의 뿌리와 가지는 엉망진창으로 보이지만, 사실 이 생태계에서 아주 중요한 역할을 해요.

맹그로브는 전 세계 열대 지역에서 찾아볼 수 있어요. 플로리다의 맹그로브 습지는 대서양과 에버글레이즈 사이에 형성된 가장자리 생태계(전이 지대)지요. '풀의 강'이라는 별명을 가진 에버글레이즈는 플로리다반도에 있는 넓은 습지로 세계 유산 목록에 등록된 국립 공원이에요. 맹그로브는 바닷물의 소금기를 걸러서 쓰는 특별한 능력을 지녔어요. 수많은 동물에게 살 곳을 주고, 빽빽한 뿌리로 해안의 침식을 막고, 허리케인으로부터 보호하는 방파제 노릇도 한답니다.

그뿐만이 아니에요. 맹그로브는 생태계의 먹이 그물 맨 아래에서 핵심종 역할을 해요. 먼저 세균과 어린 갑각류들이 물에 떠 있는 맹그로브 잎을 분해하고, 새나 물고기 같은 포식자를 불러 모으지요. 그다음 아메리카흰사다새와 대백로 같은 새들이 맹그로브 가지에 앉으면, 그 아래로 새를 노리는 악어들이 모여들어요. 맹그로브 습지는 한 식물이 어떻게 바닷가 생태계를 바꿀 수 있는지 보여 주는 아주 좋은 예랍니다.

맹그로브 잎은 짠맛이 나요. 나무가 짠 바닷물에서 흡수한 소금이 '땀처럼' 배출되기 때문이에요.

난 짠돌이다!

플로리다 남부는 악어의 두 종류인 크로커다일과 앨리게이터가 모두 사는 유일한 곳이랍니다.

이구아나는 플로리다 토착종은 아니지만, 맹그로브 습지 어디에서나 볼 수 있어요.

이젠 여기가 내 집이라고!

맹그로브 뿌리에는 공기가 드나드는 특별한 관이 있어요. 바로 껍질눈이지요. 이 껍질눈 덕분에 맹그로브는 밀물 때도 물속에서 숨을 쉴 수 있어요. 보통은 식물이 산소를 '내뱉는다'고 생각하지만, 세포 호흡을 할 때는 산소를 들이마시기도 해요.

레드맹그로브 / 블랙맹그로브 / 화이트맹그로브 / 버튼우드맹그로브 / 만조 / 간조 / 육지 방향

이렇게 이로워요

맹그로브는 해안을 침식과 폭풍에서 지켜 주고, 플로리다매너티, 아메리카악어, 키사슴 같은 멸종 위기종을 비롯한 많은 동물들에게 보금자리를 제공해요. 물고기들이 다 자라 바다로 돌아가기 전까지 보살피는 보육원 역할도 하지요. 맹그로브의 뿌리가 알, 어린 물고기, 갑각류 같은 생물들을 먹잇감을 찾는 다른 동물들로부터 지켜 주거든요. 이 생물들은 자라서 멕시코만의 중요한 어족 자원이 된답니다.

플로리다 매너티 / 키사슴

이렇게 위협받고 있어요

1950년대 이후, 전 세계 맹그로브 숲의 절반 가까이가 땔감으로 쓰거나 건물을 지을 땅을 마련하기 위해 베어져 나갔어요. 플로리다에서는 맹그로브가 보호종이지만, 멕시코와 남아메리카, 아시아에서는 여전히 위협받고 있어요. 맹그로브 숲이 사라지면 해양 동물의 수가 줄어들고 먹이 그물이 파괴될 거예요. 그래서 여러 국제 보존 단체들이 남아 있는 맹그로브 생태계를 보존하려고 노력하고 있어요.

나는 안전해! / 플로리다

들여다보아요
모하비 사막의 생태계

미국 남서부의 모하비 사막은 이상하게 생긴 붉은 바위와 이곳에서만 자라는 뾰족한 조슈아나무가 점점이 흩어져 있어서 마치 외계 행성처럼 보여요. 먼 옛날에는 모하비 사막에도 강과 호수가 많았지만, 지금은 다 말라 버렸어요. 이 강과 호수는 눈 덮인 산 바로 아래에 북아메리카에서 가장 깊은 골짜기를 만들었고, 사막 곳곳에 숨겨진 지하 저수지와 풍부한 광물도 남겼지요.

우기에는 모하비 사막에도 다양한 식물이 자라요. 선인장, 관목, 갖가지 꽃이 만발하지요. 하지만 여름이면 왜 유럽에서 온 이주민들이 이곳을 '신이 버린 땅'이라고 불렀는지 알 수 있어요. 모하비 사막에는 세계에서 가장 뜨겁고 메마른 장소인 데스밸리가 있어요. 데스밸리의 평균 기온은 평균 섭씨 49도예요. 운동화 바닥을 녹여 버릴 정도로 뜨겁지요. 한때는 섭씨 57도라는 세계 기록을 세우기도 했답니다!

이런 열기 속에서 누가 어떻게 살아남을까요? 사막의 동식물은 가끔씩 찾아오는 겨울철 폭우와 지하수 덕분에 살아갈 수 있어요. 캥거루쥐 같은 동물은 물을 전혀 마시지 않아도 괜찮아요. 필요한 모든 수분을 식물의 잎과 씨앗에서 얻거든요. 코요테나 캘리포니아멧토끼 같은 동물은 낮에는 뜨거운 태양을 피해 굴속에 있다가 밤에만 굴에서 나와 활동해요. 독특한 기후와 숨은 수원을 지닌 모하비 사막은 세상에서 가장 아름다운 야생 생물의 보금자리 중 하나랍니다.

이렇게 이로워요

모하비 사막의 날씨는 보통 구름 한 점 없이 맑아요. 게다가 고도가 높아서 세계에서 가장 큰 태양광 발전 단지가 들어서 있어요. 고대 호수가 있던 자리에는 소금, 구리, 은, 금 같은 광물이 풍부해 오랫동안 채굴이 이루어졌어요. 또 고대 호수가 남긴 지하수는 주변 마을과 도시의 상수원으로 쓰인답니다.

식물처럼 햇빛을 에너지로 바꿔요.

데스밸리의 배드워터 분지는 북아메리카에서 고도가 가장 낮은 곳이에요. 해수면보다 86미터 아래에 있거든요. 고도 차이가 심해서 분지를 둘러싼 산꼭대기에는 늘 눈이 쌓여 있답니다.

모하비 사막은 높은 산으로 둘러싸여 있어서 좀처럼 비구름이 넘어오지 못해요. 과학자들은 이런 사막을 '비 그늘 사막'이라고 불러요.

모하비 사막과 그레이트베이슨 사이의 전이지대에는 세계에서 가장 희귀한 물고기가 살아요. 바로 데빌스홀펍피쉬라는 송사리이지요. 이 송사리는 데빌스홀이라는 동굴에서만 발견되는데, 이곳의 지하수는 땅속 깊숙이 있어서 지구 반대편에서 일어난 지진에도 잔물결이 일어요.

사막거북은 우기가 되면 방광에 물을 저장했다가 건기에 사용해요. 마치 낙타처럼요. 하지만 움직이는 속도는 훨씬 느리지요!

모하비 사막에서는 간혹 '세일링 스톤'이라고 불리는 움직이는 돌을 볼 수 있어요. 이 돌은 마른 호수의 평평한 바닥을 가로지르며 흔적을 남겨요. 마치 혼자서 움직인 것처럼 말이에요. 그런데 사실은 밤에 내린 비로 얼었던 땅이 녹으면서 젖은 호수 바닥을 바위가 미끄러져 다니는 거랍니다.

이렇게 위협받고 있어요

사람들은 사막의 물처럼 귀한 자원조차 함부로 쓰곤 해요. 모하비 사막 주변의 도시에서 지하수를 마구 뽑아 쓰는 바람에 야생 동물이 마실 물이 줄고, 사막의 바닥이 가라앉고 있어요. 사막에 쓰레기를 묻는 일도 늘어나고 있답니다.

남아메리카

남아메리카에는 세계에서 가장 건조한 사막과 가장 큰 열대 우림이 함께 있어요. 그리고 세계에서 가장 긴 산맥인 안데스산맥이 등뼈처럼 북쪽에서 남쪽으로 뻗어 있지요. 안데스산맥의 고지대에 있는 빙하는 아마존 분지, 그리고 분지와 이어진 수백 개의 강에 물을 대요. 아마존 분지에서는 카카오나 커피 같은 열대작물을 키우고 전 세계에 목재를 공급하지요. 남아메리카 서부 지역의 사막은 안데스산맥 때문에 비가 거의 오지 않아요. 사막의 건조한 열기는 구리 같은 광물을 땅 위로 드러내 채굴하기 쉽게 만들어요. 그래서 구리는 안데스산맥 서부에 있는 칠레의 주요 수출품이랍니다. 안데스산맥 남동쪽에는 아르헨티나의 기름진 대초원 팜파스가 있어요. 이곳에서는 밀과 콩, 그리고 소를 키우지요.

안데스산맥의 온화한 자연환경과 풍부한 천연자원 덕분에 고대 유목민들은 이곳에 정착해 농사를 짓고 도시를 세웠어요. 그렇게 안데스산맥은 세계 6대 문명 중 하나인 안데스 문명의 터전이 되었지요. 노르테 치코라는 아메리카 대륙 최초의 문명은 오늘날의 페루에서 시작되었어요. 노르테 치코 문명 최초의 도시는 자그마치 5천 5백 년 전에 지어졌다고 해요. 고대 이집트에서 첫 번째 파라오가 왕위에 오른 시기보다 수백 년이 빠르지요. 사람들은 호박, 콩, 목화 같은 작물을 경작하면서 남아메리카의 야생을 바꾸어 가기 시작했어요. 오늘날 남아메리카에서 생산된 광물과 식량, 그리고 그 밖의 천연자원들은 전 세계로 수출되고 있어요. 그 바람에 남아메리카 대륙 곳곳이 몸살을 앓을 뿐만 아니라, 세계에서 가장 큰 열대 우림이 점점 줄어들고 있지요. 우리가 올바른 생태학 지식을 갖춘다면 현대 기술과 전통 기술을 함께 사용해 땅을 현명하게 일구고 소중한 생태계를 보전할 수 있을 거예요.

들여다보아요
아마존 열대 우림의 생태계

아마존은 세계에서 가장 큰 열대 우림이자, 가장 다양한 생물이 사는 곳이에요. 8개국(그중 60퍼센트는 브라질)을 가로지르며 520제곱킬로미터 넘게 펼쳐진 이 거대한 정글의 별명은 '초록 바다'예요. 지금까지 알려진 생물종의 10퍼센트가 아마존에 살지요. 몸에서 빛이 나는 곤충과 이국적인 춤을 추는 새, 소나 양도 잡아먹는 물고기, 세계에서 가장 작은 원숭이까지 여러분이 상상하는 거의 모든 동물을 아마존에서 찾을 수 있답니다.

아마존에 사는 수백만 종의 동식물들은 자원을 얻기 위해 서로 경쟁해요. 식물들은 그늘진 정글의 숲 지붕을 뚫고 나가 햇볕을 쬐려고 싸우지요. 어떤 식물은 땅 대신 고층 건물만큼 키 큰 나무의 꼭대기에서 자라도록 진화했어요. 때로는 먹이 경쟁 때문에 아주 전문적인 기술과 능력을 가지고 틈새를 노리는 새로운 종이 생겨나기도 해요. 부리 길이가 몸길이보다 긴 칼부리벌새가 대표적인 예지요. 칼부리벌새는 다른 벌새의 부리로는 닿을 수 없는 긴 통꽃에서도 꿀을 빨아 먹을 수 있어요. 그러니까 다른 생물과 먹이를 나누지 않아도 되겠지요.

아마존의 생물들은 아마존강에서 살아가는 데 필요한 자원을 얻어요. 물은 하늘에서도 쏟아져요. 우기가 되면 6개월 동안 자그마치 2천억 톤의 비가 영국 전체 면적보다도 큰 정글에 흘러넘치지요. 이때는 물고기는 물론이고 돌고래까지 정글을 헤엄쳐 다녀요. 이 물 덕분에 아마존에서는 어마어마한 수의 나무가 자랄 수 있어요. 아마존의 나무들은 산소를 만들고 지구 전체의 기후를 조절하는 역할을 해요. 해마다 24억 톤에 이르는 탄소를 흡수하고, 전 세계 산소의 20퍼센트 가까이를 생산하지요. 아마존 우림이 '지구의 허파'로 불리는 까닭은 그래서랍니다.

이렇게 이로워요

아마존 밀림에 사는 식물들은 지구의 탄소와 물의 순환에 영향을 미치고, 산소를 만들며, 전 세계의 날씨와 기후를 조절해요. 그뿐만 아니라 아마존 정글과 주변 도시에 사는 3천만 명 넘는 사람들의 식량과 생계를 책임지고 있지요.

아마존에는 먹을 것이 넘쳐 나요. 그래서 동물들이 아주 크게 자랄 수 있어요. 세계에서 가장 큰 설치류인 카피바라처럼 말이지요.

민물에 사는 아마존매너티는 우기가 오면 강을 떠나 물에 잠긴 숲속에서 풀을 뜯어 먹어요.

숲의 지붕인 교목층은 나뭇잎이 무성해서 아주 적은 양의 빛만이 뚫고 들어갈 수 있어요. 그 바람에 숲 바닥은 언제나 어두침침하답니다.

세계에서 가장 긴 강 중 하나인 아마존강에는 아마존강돌고래라는 아주 희귀한 민물 돌고래가 살아요.

재규어는 종종 악어를 사냥해요. 아마존의 투피족은 재규어를 '한 번의 도약으로 죽인다'는 뜻을 지닌 '야구아라'라는 이름으로 부른대요.

이렇게 위협받고 있어요

거대한 댐을 비롯해 아무렇게나 세워진 기반 시설이 아마존 열대 우림을 망가뜨리고 있어요. 불법적인 벌목도 정글을 위험에 빠뜨려요. 사람들은 소를 기를 목장을 만들려고 나무를 베어 내고 정글에 불을 지르곤 해요. 그 바람에 해마다 수백만 톤에 이르는 탄소

가 공기 중으로 방출되어 지구 온난화를 부채질하지요. 아사닌카족을 비롯한 원주민 부족들은 아마존강과 정글을 지키기 위해 환경 운동가들과 함께 싸우고 있어요. 아마존 열대 우림을 지키는 일은 그곳에 사는 생물뿐 아니라, 지구 전체에 사는 생명을 지키는 일이기 때문이에요.

들여다보아요
아타카마 사막의 생태계

아타카마 사막에 마지막으로 비가 내린 것은 사람이 역사를 기록으로 남기기도 전이었대요. 그만큼 메마른 곳이지요. 지구에서 아타카마 사막보다 비가 적게 오는 곳은 북극과 남극밖에 없어요. 안데스산맥 서쪽 태평양 연안에 자리 잡은 이 사막은 고도가 높은 데다 안데스산맥이 비구름을 막아 독특한 기후와 풍경을 지니게 되었어요. 아타카마 사막은 선명한 붉은 골짜기와 삭막한 소금 평원, 그리고 세계에서 가장 맑고 아름다운 하늘로 유명해요. 생물들은 아타카마 사막의 척박한 환경에서 살아남으려고 갖은 애를 쓰지만, 이 '외계 행성' 같은 곳을 보금자리로 삼을 수 있는 동식물은 그리 많지 않아요.

아타카마 사막에서도 태평양과 가까운 곳에는 스페인어로 '언덕'이라는 뜻을 지닌 '로마스' 지역이 있어요. 이곳은 안개가 자주 끼고 풀이 우거져 '안개 오아시스'라고도 불려요. 안개 오아시스가 생겨나는 것은 가파른 해안 절벽과 언덕이 태평양에서 만들어진 수증기를 붙들어 두기 때문이지요. 이 안개 속의 적은 수분이 아타카마 사막의 생물들이 얻을 수 있는 물의 거의 전부예요. 하지만 이 정도로도 몇몇 관목, 붉은목참새와 자카리니핀치 같은 새들, 비스카차(토끼처럼 생긴 설치류)와 여우 같은 작은 포유류가 살아가기에 충분해요. 더 건조한 지역에는 희귀한 선인장, 독수리, 쥐, 전갈만이 살 수 있어요. 칠레 북부의 항구 도시 안토파가스타 남쪽에는 붉은 바위로 이루어진 바다가 있는데, 지구가 아닌 화성에 온 것 같은 풍경이 펼쳐져요. 아타카마 사막 중에서도 안개 오아시스에서 멀리 떨어진 일부 지역은 너무 건조해서 세균조차 살아남을 수 없어요. 하지만 생물들을 힘들게 하는 그 열기 덕분에 구름 한 점 없는 맑은 하늘을 볼 수 있어요. 밤이면 수정처럼 맑은 은하수를 맨눈으로 볼 수 있을 정도지요. 어떤 사람들은 밤하늘이야말로 아타카마 사막이 가진 가장 중요한 천연자원이라고 말하기도 해요.

이렇게 이로워요

아타카마 사막은 고도가 높고 하늘이 맑은 데다 인공조명이 없어서 별을 관측하기에 더없이 좋은 곳이에요. 그래서 지구에서 가장 규모가 큰 국제 천문학 프로젝트의 본부가 들어서 있지요. 이곳에서는 '알마 전파 망원경 간섭계'라고 불리는 66대의 전파 망원경을 볼 수 있어요.

지난 수백 년 동안 비가 내리지 않았지만, 아타카마 사막에는 아직 고대 호수가 남아 있어요. 이 호수의 물이 증발하면서 생겨난 것이 거대한 염호와 소금 평원이지요. 칠레에서 가장 큰 소금 평원도 아타카마 사막에 있답니다.

아타카마 사막의 염호에서는 홍학 무리를 볼 수 있어요. 홍학들은 염호에서 자라는 조류를 먹고 살아요.

미국 항공 우주국 나사는 아타카마의 환경이 화성과 비슷하다고 생각해, 이곳에서 화성 탐사 로봇을 시험하기도 했어요.

무지개 계곡은 이름처럼 다채로운 색을 지닌 바위로 이루어져 있고, 달의 계곡은 달 표면처럼 모래와 바위로 뒤덮여 있어요.

아타카마 사막에는 커다란 활화산이 많아요. 리칸카부르 화산이 대표적이지요.

이렇게 위협받고 있어요

사막 근처에 있는 마을과 도시가 커지면서 밤하늘을 어지럽히는 인공조명도 늘어났어요. 이런 빛 공해는 야행성 동물의 먹이 사냥과 짝짓기를 방해하고 식물의 성장에도 나쁜 영향을 끼쳐요. 도시나 건물을 지을 때 생태계를 교란시키지 않도록 특별한 조명을 설치하고 빛 공해와 관련된 법을 만들어 규제해야만 사막의 소중한 천연자원을 보존할 수 있어요. 지구에서 가장 깨끗한 밤하늘 말이에요.

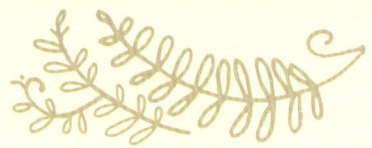
들여다보아요
팜파스의 생태계
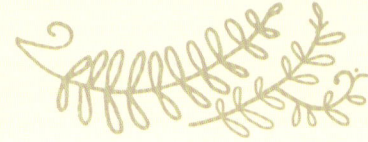

팜파스는 브라질, 아르헨티나, 우루과이에 걸쳐 있는 거대한 온대 초원이에요. 한겨울에도 기온이 0도 밑으로 떨어지지 않고 한여름에도 35도를 넘지 않는 살기 좋은 곳이지요. 반건조 기후에 속하는 까닭에 비가 많이 내리지는 않지만, 사계절 고르게 내려 농사 짓기에도 좋아요. 그래서 강수량 7백 밀리미터를 기준으로 서쪽의 건조 팜파스에서는 밀과 양을, 동쪽의 습윤 팜파스에서는 소와 여러 농작물을 길러요.

먼 옛날 팜파스는 과나코(라마의 일종)나 팜파스사슴 같은 토종 동물들이 한가롭게 풀을 뜯고, '가우초'라고 불리는 목동들이 2백 년 넘게 이어온 전통 기술로 소를 풀어 키우던 곳이었어요. 하지만 19세기 중반 스페인이 남아메리카를 식민지로 지배하면서, 유럽에 고기와 농작물을 제공하는 거대한 농장으로 바뀌어 갔지요. 가축을 풀어 키우는 방식에서 가둬 키우는 방식으로 바뀌면서, 말을 타고 대초원을 누비던 가우초의 모습도 더는 볼 수 없게 되었어요.

팜파스는 바람과 빙하가 실어 온 퇴적물로 이루어진 기름진 땅이지만, 사람들이 가축을 기르고 농사를 짓느라 함부로 사용하면서, 그 힘을 잃어 가고 있어요. 흙이 깎여 나가고 풀이 자라기 힘들어져 재규어를 포함한 몇몇 토종 동물들은 멸종 위기에 처해 있기도 해요. 지금은 과학자, 농장주, 가우초의 후손들이 힘을 합쳐 팜파스에 보호 지역을 지정하고, 생태계를 파괴하지 않는 농업과 목축업 기술을 개발하려고 노력하고 있어요. 이런 노력이 계속된다면 다음 세대들도 대초원의 풍요로움을 누릴 수 있겠지요.

팜파스는 레아의 고향이에요. 레아는 타조를 닮은 새로 천적에게 쫓길 때면 지그재그를 그리며 달아난답니다.

과나코의 길고 촘촘한 속눈썹은 눈에 먼지가 들어가는 걸 막아 줘요.

아르헨티나에서 가장 인구가 많은 도시인 부에노스아이레스는 팜파스에 자리 잡고 있어요.

가우초들이 입는 헐렁한 바지를 봄바차라고 해요.

이렇게 이로워요

팜파스는 남아메리카 농업과 축산업의 중심지로, 아르헨티나 경제의 중요한 부분을 담당하고 있어요. 흙이 기름지고 풀이 잘 자라 농사를 짓고 가축을 기르기에  더없이 좋은 까닭이지요. 농업과 축산업이 발달할수록 야생 초원을 온전히 보존하는 일이 더욱더 중요해져요. 야생 초원이 사막화와 홍수를 막아 주기 때문이에요.

이렇게 위협받고 있어요

가축을 기르기 위해 초원을 파괴하고, 초원 습지의 물을 함부로 빼 내고, 방목한 가축들이 지나치게 풀을 뜯는 바람에 팜파스 생태계가 위협받고 있어요. 이렇게 하면 토양이 침식되어 새로운 풀들이 자라기 힘들어져요. 초원을 온전히 유지하면서도 계속 늘어나는 인구를 먹여 살릴 수 있는 새로운 농업 기술을 찾아내야 해요.

들여다보아요
열대 안데스의 생태계

'지각'이라고 불리는 지구의 표면은 계속해서 움직여요. 대륙과 바다의 지각판은 오랜 세월에 걸쳐 이동하고 충돌해 왔어요. 그렇게 지각판이 움직이면서 오늘날의 대륙과 산맥들이 만들어졌지요. 세계에서 가장 긴 산맥인 안데스도 마찬가지예요. 남아메리카 대륙 서쪽으로 7천 킬로미터에 걸쳐 뻗어 있는 안데스산맥은 기후에 따라 건조 안데스, 열대 안데스, 다습 안데스로 나뉘어요. 그중 열대 안데스는 베네수엘라에서 볼리비아까지 5천 3백 킬로미터가 넘는 산길을 따라 이어지는 거대한 생물 다양성 핫 스폿(생물학적으로 가치가 높지만 심하게 훼손되었거나 사라질 위기에 놓인 곳)이에요.

열대 안데스 지역은 산 위로 올라갈수록 기온이 낮아지고 기후가 달라져요. 이런 미기후는 동물과 식물에게 아주 다양한 생태적 지위와 서식지를 제공하지요. 고도 4천 8백 미터가 넘는 지역은 열대라는 말이 무색하게 만년설과 빙하로 뒤덮여 있고, 그 아래는 초원으로 이루어져 있어요. 고도 3천 5백 미터까지 내려오면 세계에서 가장 큰 운무림(구름이나 안개가 늘 끼어 있는 곳에 발달하는 상록수림)을 볼 수 있어요. 더 아래로 내려와 고도 1천 5백 미터에 이르면 수많은 야생 동물들이 돌아다니는 열대 우림이 펼쳐지지요.

열대 안데스의 생태계를 다양하게 만드는 것은 날씨만이 아니에요. 여느 생태계와 달리 열대 안데스의 생태계는 높은 산맥을 가로질러 펼쳐지기 때문에 어떤 생물종은 자기가 사는 지역의 봉우리를 벗어나지 못해요. 마치 섬에 사는 동식물처럼 말이지요. 그러다 보니 특정 지역에서만 발견되는 독특한 동식물들이 많답니다.

이렇게 이로워요

열대 안데스에는 세계에 알려진 식물 종의 15퍼센트가 자라고 있어요. 0.01제곱킬로미터 남짓한 면적에 3백 종이 넘는 꽃이 피어날 정도로 많은 식물이 있지요. 식물로 가득한 열대 안데스의 숲은 해마다 엄청난 양의 산소를 만들어 내고 54억 톤에 이르는 탄소를 흡수해요. 이 양은 자동차 10억 대가 1년 동안 배출하는 탄소량과 맞먹는답니다.

안데스에서 사는 안경곰은 눈 주위에 흰 털이 고리 모양으로 나 있어 마치 안경을 쓴 것처럼 보여요. 여느 곰들과 달리 끽끽거리거나 그르렁거리는 소리를 내는 것도 특징이지요.

중앙 안데스 지방의 쿠스코는 남아메리카 대륙에서 가장 번성했던 잉카 제국이 탄생한 곳이에요.

감자와 담배는 안데스산맥이 원산지이지만, 지금은 전 세계에서 기르고 있어요.

노랑귀앵무는 멸종 위기종이었지만 환경 운동가들의 노력으로 지금은 1천 5백 마리쯤으로 늘어났어요.

열대 안데스는 전 세계의 생물 다양성 핫 스폿 중에서 가장 많은 동식물이 사는 곳이에요.

이렇게 위협받고 있어요

인구가 늘어나면서 연료, 목재, 식량에 대한 수요도 늘어났어요. 그 바람에 열대 안데스 전체가 지나친 벌목과 불법적인 사냥에 시달리고 있어요. 그것만이 아니에요. 열대 안데스 지역에서 대규모로 생산되는 커피와 카카오는 땅을 망가뜨리고 식량을 재배할 땅마저 빼앗고 있어요. 결국 이 지역 사람들이 먹을 식량을 재배하기 위해 더 많은 산림을 개간해야 하는 악순환을 낳고 있지요. 산림 파괴와 밀렵을 막으려면 무엇보다도 이 지역의 가난을 해결해야 해요. 사람들이 굶주림에 시달리지 않게 되면 자연을 함부로 파괴하는 일도 줄어들 테니까요.

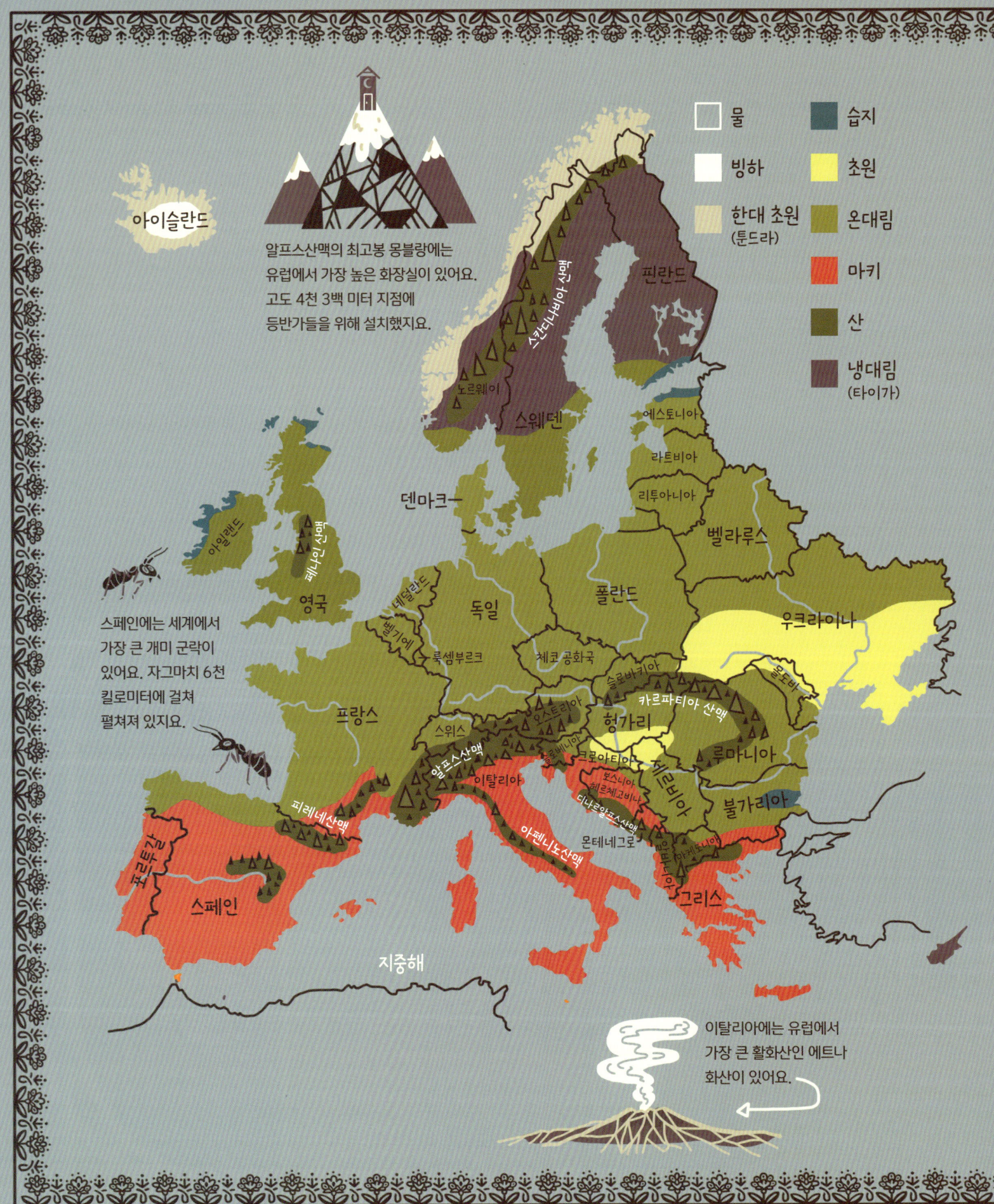

유럽

유럽은 아시아와 이어져 있는 데다 특별한 지리적 장벽이 없어서 그 경계가 뚜렷하지 않아요. 유럽이라는 개념은 고대 그리스에서 생겨났어요. 고대 그리스인들은 헬레스폰투스라는 좁은 물길(오늘날 터키의 다르다넬스 해협)을 중심으로 그 양쪽을 각각 유럽과 아시아라고 부르기로 했어요. 유럽과 아시아의 경계는 각 시대의 정치와 문화에 따라 조금씩 달라졌답니다.

유럽은 아름답고 다채로운 기후와 풍경, 문화가 가득한 여러 섬과 커다란 반도로 이루어져 있어요. 서구 문명은 유럽에서 시작되었지요. 석기 시대부터 산업 혁명기에 이르기까지 유럽은 전 세계를 크게 변화시켰어요. 고대 그리스 로마 시대와 르네상스 시대에 만들어진 사상과 예술은 오늘날에도 여전히 서구 사회에 큰 영향을 끼치고 있지요. 탐험과 정복의 시대에 유럽 사람들은 많은 대륙의 역사와 문화를 바꾸어 놓았어요. 유럽의 왕국들은 전 세계에 걸친 대제국을 세우려고 경쟁하면서, 세계 곳곳의 수많은 사람들을 이동시켰어요. 또 유럽에서 자라는 동식물을 전 세계에 퍼뜨리고, 탐험과 정복의 과정에서 발견한 동식물을 유럽으로 가져갔어요. 이 일은 지구 생태계에 엄청난 영향을 끼쳤지요.

18세기의 영국에서 일어난 산업 혁명도 우리가 환경을 이용하는 방식에 급격하고도 돌이킬 수 없는 변화를 불러일으켰어요. 우선 증기 기관, 제철 기술, 방직기 같은 새로운 기술과 도구의 발명으로 물건을 만드는 방식이 달라졌어요. 공장이 생겨나면서 물건을 대량으로 생산할 수 있게 된 것이지요. 공장에서 일하기 위해 농사 짓는 삶을 포기하는 사람도 늘어났어요. 과거에는 생활에 필요한 물건을 스스로 또는 지역에서 만들어 썼지만, 산업 혁명 이후에는 물건이 공장에서 대량 생산되고 전 세계에서 거래되기 시작했어요. 석탄을 태워 움직이는 증기 기관이 발달하면서 교통망도 전 세계로 뻗어 나갔지요. 산업 혁명은 사람이 생활하고 일하는 방식을 바꾸어 놓았어요. 나아가 사람과 자연의 관계도 크게 바꾸어 놓았답니다.

들여다보아요
영국 제도 황야 지대의 생태계

'저녁 하늘을 배경으로 길고 음울한 곡선을 그리는 황무지의 어둠. 이 암흑을 불길하리만치 뾰족뾰족한 바위산들이 갈라놓는다.' 아서 코난 도일이 유명한 소설 《바스커빌 가문의 개》에서 황야 지대를 묘사한 구절이에요. 영국 제도의 상징인 황야 지대는 많은 위대한 작가들에게 영감을 주었답니다.

이 습하고 언덕이 많은 풍경은 자연의 작품처럼 보이지만, 사실 사람의 손으로 만들어진 거예요. 황야의 일부는 원래 나무가 없는 습지였지만, 대부분은 한때 숲이었다고 해요. 중석기 시대 사람들이 수없이 많은 나무를 베어 내면서 새로운 생태계가 생겨난 것이지요. 오늘날에도 사람들은 이 황야에서 가축을 풀어 키우고 야생 동물을 사냥해요. 그래도 지금은 많은 지역이 국립 공원으로 지정되어 보호받고 있어요. 그 밖의 지역도 사냥감의 종류와 수를 적절하게 제한하고 산불을 관리해 생태계의 다양성을 지켜 가고 있지요. 또한 계속해서 가축을 기를 수 있도록 풀이 다시 자랄 동안 기다린답니다.

황야의 습지에는 이탄이 풍부해요. 이탄은 습지 바닥에 쌓인 진흙 같은 물질인데, 이 이탄이 오랜 시간에 걸쳐 변하면 우리가 아는 석탄이 돼요. 먼 옛날에 죽은 동식물이 땅속 깊은 곳에서 높은 열과 압력을 받아 만들어진 것이 석탄이라면, 죽은 식물이 완전히 분해되지 않고 습지 바닥에 차곡차곡 쌓여 만들어진 것이 이탄이에요. 이탄은 습지 바닥에 깊이 묻혀 있을수록 탄소 함량이 높아요. 이탄 속에 있는 탄소는 에너지원이 되어 불이 더 오래 타게 해 주지요. 습지에서 자라는 물이끼는 이탄이 씻겨 내려가는 걸 막아 주고, 물을 깨끗하게 걸러 주는 천연 정수기 노릇도 해요. 그리고 습지는 탄소가 풍부한 토양을 만들어 황야 지대의 생태계 전체에 이바지한답니다.

이렇게 이로워요

사람과 동물 모두 황야에서 식량을 얻어요. 습지는 깨끗한 식수를 공급하고 양 떼가 마음껏 풀을 뜯을 수 있게 해 주지요. 유럽 전체에 퍼져 있는 이탄지는 세계적으로 중요한 탄소 흡수원이에요. 탄소 흡수원은 대기 중의 이산화탄소를 흡수해 저장하는 곳을 말하는데, 탄소 순환에 중요한 부분이에요.

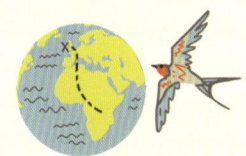

해마다 전 세계에서 철새들이 영국 제도의 황야 지대로 와요. 이를테면 제비는 저 먼 남아프리카 공화국에서 날아오지요.

이탄지는 '살아 있는' 풍경이에요. 새로운 구릉과 구덩이, 도랑이 끊임없이 생겨나거든요.

뇌조는 사냥감으로 가장 인기 있는 새예요. 뇌조의 수가 너무 많아지면 개체군 간의 균형을 맞추기 위해 일부러 사냥을 해서 수를 줄이곤 하지요. 적절한 사냥은 지역 사회에 색다른 사업 거리를 제공하여, 지역 주민들이 계속해서 황무지에 관심을 기울이고 돌보게 한답니다.

이탄지는 유럽 전역에서 발견돼요. 이탄은 청동기 시대부터 꾸준히 연료로 쓰였지요. 아일랜드와 핀란드를 포함한 유럽의 일부 지역에서는 여전히 이탄을 연료로 쓴답니다.

습지의 물이끼는 스펀지처럼 물을 흡수해서 주변 마을이 물에 잠기는 걸 막아 줘요.

이렇게 위협받고 있어요

지나친 방목과 무계획한 농업 때문에 영국 제도의 황야 지대가 황폐해지고 있어요. 또 지구 온난화로 통제할 수 없는 산불이 일어나기도 해요. 환경 운동가와 지주들은 습지가 물에 잠기거나 마르는 것을 막기 위해 수로를 파고 다양한 식물들을 옮겨 심으며 황야 지대의 생태계 보존에 힘쓰고 있답니다.

들여다보아요
지중해 분지의 생태계

지구에서 가장 큰 폐쇄해, 그러니까 거의 육지로 둘러싸인 바다인 지중해는 서구 문명의 발상지인 유럽 남부에 있어요. 지중해 분지는 유럽, 중동, 아프리카의 24개국을 아우르는 지역이에요. 바다는 시간이 지나도 변하지 않을 것 같지만, 사실 과거에는 지중해가 완전히 말라 사막이 된 적도 있어요.

지중해는 강에서 흘러드는 물의 양보다 증발하는 양이 세 배나 많아서 주로 대서양에서 흘러드는 바닷물로 채워져요. 그런데 6백만 년 전, 지구의 지각 변동으로 스페인과 모로코의 땅끝이 이어지는 바람에 지중해로 들어가는 물길이 막히고 말았어요. 그러자 태양의 열기 때문에 고작 2천 년 만에 지중해의 바닷물이 모두 증발해 버리고, 해저는 사막으로 바뀌었어요. 그러다 또다시 지진이 일어나 스페인과 모로코가 갈라지고 지브롤터 해협이 생겨나면서 지중해에 다시 바닷물이 차올랐어요. 지금도 시칠리아섬 밑에는 지중해가 증발했을 때 생겨난 거대한 소금 광산이 있답니다.

기름진 토양과 온화한 기후 덕분에 사람들은 13만 년 동안 지중해 분지에서 찬란한 문명을 이루며 살아왔어요. 지중해 분지의 경관은 오롯이 자연이 만든 것처럼 보이지만, 사실 수천 년에 걸쳐 사람들이 만들었어요. 고대의 인류가 땅을 일구어 오늘날의 아름다운 경작지로 바꾸어 왔지요. 이곳에서는 포도, 무화과, 올리브, 라벤더, 로즈메리 같은 작물이 잘 자라요. 농사 짓기에 좋고 수산 자원이 풍부해, 사람들은 이곳을 '천국'이라고 불렀어요. 여유로운 생활 덕분에 이 지역 사람들은 예술을 창조하고 사상을 전파하는 데 많은 시간을 쏟을 수 있었지요. 생활이 여유롭다는 건 고대 사람들이 예술을 창조하고 사상을 전파하는 데 많은 시간을 쓸 수 있었다는 뜻이에요. 이렇게 만들어진 고대 문명은 지금까지도 전 세계에 영향을 미치고 있답니다.

이렇게 이로워요

지중해 분지는 2만 종이 넘는 식물이 사는 생물 다양성 핫 스폿이에요. 온화한 기후, 다양한 동식물, 풍부한 수산 자원 덕분에 고대 문명의 터전이 되기도 했지요.

시칠리아섬 지하에는 유럽에서 가장 큰 소금 광산이 몇 개나 있어요. 어찌나 큰지 광부들이 지하에 실제 크기와 똑같은 소금 성당을 만들었을 정도예요.

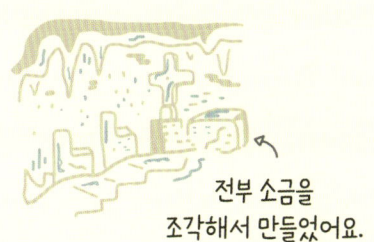

전부 소금을 조각해서 만들었어요.

지중해 분지에는 바바리마카크라는 긴꼬리원숭잇과의 동물이 있어요. 유럽에 사는 유일한 영장류이지요.

산마리노는 세계에서 가장 오래된 주권 국가이자 입헌 공화국이에요. 자그마치 기원후 301년에 세워졌답니다.

《일리아스》나 《오디세이》 같은 고대 그리스의 문학 작품은 지중해를 진한 포도주색으로 묘사했어요. 역사학자들은 그 까닭을 알아내려고 머리를 쥐어짰지만 아직 알아내지 못했어요. 지중해의 맑고 푸른 바닷물이 한때는 붉은색을 띄었던 걸까요? 아니면 옛날 사람들의 시력이 나빴던 걸까요?

어쩌면 '파란색'이라는 말을 몰랐을지도 몰라!

이렇게 위협받고 있어요

지중해 분지에는 해마다 2억 명이 넘는 관광객이 찾아와 니스, 바르셀로나, 사르데냐섬, 밀로스섬 같은 곳으로 몰려들지요. 그런데 관광객을 위해 관광 시설을 개발하면서 문제가 생기기 시작했어요. 지중해 분지에는 보호 구역이 거의

없어서 야생 서식지가 파괴되고 있거든요. 물고기를 마구 잡아들이고 강의 담수를 지나치게 사용하는 것도 문제예요. 사람들은 지난 수백 년 동안 지중해의 자연을 잘 관리해 왔어요. 이제 지중해 분지의 국가들은 다시 이 땅과 바다를 지키기 위해 힘을 모으고 있어요.

들여다보아요
알프스산맥의 생태계

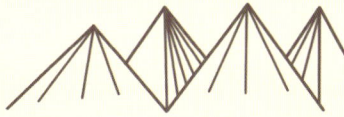

어떤 장소는 너무 거대해서 다 알기 어려워요. 알프스산맥이 바로 그런 곳이지요. 시인이자 의사인 올리버 웬들 홈스는 이렇게 말하기도 했어요. "알프스산맥을 보고 난 뒤 정신이 무한히 뻗어 나가는 것을 느꼈다. 공간에 대한 내 오랜 생각이 너무도 협소하다는 것을 깨닫고 생각을 확장해야 했다." 알프스는 다채로운 야생화가 자라는 산비탈과 눈 덮인 정상이 있는 아름다운 산맥이에요. 모나코에서 슬로베니아까지 8개국에 걸쳐 있는 유럽에서 가장 큰 산맥이기도 하지요.

알프스산맥이 아주 거대하긴 하지만, 자원이 무한한 건 아니에요. 인구가 늘어나고 함부로 동물을 사냥하면서 곰, 늑대, 스라소니 같은 대형 포식자들이 멸종 위기종이 되었어요. 그 결과 포식자와 피식자 수의 균형이 깨지고 전체 생태계가 위험에 빠졌어요. 환경 운동가들과 지역 정부는 대형 포식자를 보호하고 개체 수가 다시 늘어날 수 있도록 사냥을 제한하는 법을 만들었어요.

해마다 수백만 명에 이르는 사람들이 알프스로 여행을 가서 웅장한 산맥을 감상하고, 등산을 하고, 스키를 타고, 요들을 불러요. 알프스는 여전히 유럽에서 가장 큰 야생 동물 서식지이지만, 인간의 활동이 늘어나면서 세계에서 가장 위협받는 산지가 되었어요. 환경 운동가와 지역 정부는 이 중요한 산맥을 보존하는 한편, 자연을 파괴하지 않는 방식으로 개발하기 위해 애쓰고 있답니다.

산비탈에 사는 많은 농부들은 여전히 신석기 시대부터 시작된 전통적인 방식으로 농사를 지어요.

오늘날 알프스의 농부들은 곰이나 늑대와 같은 대형 포식자를 쫓으려고 총을 쏘는 대신 경비견을 길러요. 개 짖는 소리가 사람과 동물 사이의 위험한 접촉은 물론이고, 야생 동물의 불필요한 죽음도 막아 주거든요. 대형 포식자 수를 늘려 생태계의 균형을 유지할 수도 있고요.

고산 지대 식물들은 혹독한 기후에도 버틸 수 있도록 뿌리가 길게 자라요.

알프스산맥은 뛰어난 공학 기술로 만든 도로와 터널 덕분에 세계에서 가장 쉽게 접근할 수 있는 산맥이 되었어요.

이렇게 이로워요

알프스의 별명은 '유럽의 허파'예요. 알프스산맥의 광활한 숲과 초원이 엄청나게 많은 산소를 생산하기 때문이에요. 산꼭대기의 만년설이 녹아 유럽의 주요 강과 바다로 흘러드는 한편, 알프스의 다양한 야생 동식물과 사람들을 먹여 살리지요. 오늘날에도 2천만 명 가까운 사람들이 알프스에서 농사를 짓고, 가축을 키우고, 나무를 베며 살아가요.

이렇게 위협받고 있어요

기후 변화는 알프스산맥을 비롯한 전 세계의 산악 지대를 위협해요. 지구의 기온이 올라가면서 산의 빙하가 녹아내리고 산사태가 더 자주 일어나고 있거든요. 이미 추위에 적응한 동물들이 더 추운 서식지를 찾아 점차 산의 높은 곳으로 이동하면서 야생 동물의 분포도 달라지고 있어요. 너무 많은 관광객과 교통량, 그리고 잘못된 농사법도 야생 동물과 담수원에 피해를 입혀요. 이런 문제를 해결하기 위해 환경 운동가와 지역 정부가 알프스 일부를 보호 지역으로 지정하고, 환경친화적인 여행을 권하는 한편, 지속 가능한 방식으로 알프스를 개발하려고 노력하고 있어요.

아시아

아시아는 지구에서 가장 큰 대륙이에요. 중동의 탈 듯이 뜨거운 사막에서부터 중국의 축축하고 기름진 초원까지 각양각색의 놀라운 생태계가 펼쳐지지요. 인도를 중심으로 한 남아시아와 동남아시아 지역은 열대 계절풍 기후(계절풍의 영향으로 긴 우기와 짧은 건기가 발달한 기후)의 영향으로 한 번에 몇 달씩 비가 내려 온 나라가 물에 잠기곤 해요. 북쪽에는 가장 따뜻한 달도 영상 10도를 넘지 않는 툰드라 기후 지역인 시베리아가 있어요. 아시아에는 세계에서 가장 높은 히말라야산맥을 포함해 산악 지대가 많아요. 바람도 넘기 힘들 만큼 높은 히말라야산맥은 중앙아시아와 동남아시아를 가로지르며 다양한 기후를 만들어 내고 동물의 이동까지도 제한해요. 먼 옛날에는 외부의 침입자로부터 고대 아시아 제국을 보호하는 천연 장벽 역할도 했답니다.

아시아는 큰 강을 따라 인류 최초의 문명이 태어난 곳이기도 해요. 티그리스강과 유프라테스강 사이에서 메소포타미아 문명이, 인더스강을 따라 고대 인도의 인더스 문명이, 그리고 양쯔강을 따라 중국의 황화 문명이 발달했지요. 인류가 농작물을 재배하고 주변 환경을 바꾸기 시작하면서 인구가 폭발적으로 늘고 인류의 문명도 새로운 시대로 접어들었어요. 농사 기술이 발달해서 먹을 것을 찾아 돌아다니는 시간이 줄어든 대신 생각하고 발명할 시간이 늘어난 까닭이지요. 기원전 5천 년 무렵, 메소포타미아는 여러 문명의 요람이 되었고 바퀴, 관개법(농경지에 물을 대는 법), 가축 사육법, 기록법, 수학과 같은 훌륭한 발명품을 남겼어요. 오늘날 아시아는 지구에서 가장 인구가 많은 대륙이에요. 전 세계 인구의 절반 이상이 살고 있지요. 아시아의 생태계를 보존하고 야생 동물을 보호하는 일은 무척 중요해요. 아시아의 생태계가 전 세계의 생태계에 큰 영향을 끼치기 때문이에요.

들여다보아요
시베리아 타이가의 생태계

먼 옛날, '잠자는 대지'라고 불리던 시베리아에는 '작은 막대기들의 땅'이라고 불리던 춥고 건조한 숲이 끝없이 펼쳐져 있어요. 시베리아 타이가는 사람의 손이 닿지 않은 세계에서 가장 큰 숲으로, 넓이가 390만 제곱킬로미터도 넘지요. 이 지역의 강인한 소나무들은 지구에서 가장 추운 기후에도 잘 자랄 수 있도록 적응해 왔어요. 시베리아의 겨울은 길고 매섭게 춥지만(최저 영하 56도), 눈은 거의 내리지 않아요. 여름은 짧지만 따뜻한 편이지요(평균 영상 16도). 이렇게 추운 날씨 때문에 시베리아에는 지구에서 털이 가장 많은 동물들이 살아요. 길고 부드러운 털이 촘촘히 돋은 스라소니와 갈색 털이 빽빽이 돋은 불곰이 대표적이에요. 이 사납고 위험한 동물들은 토끼 같은 작은 포유류를 사냥하며 살아가요.

시베리아 타이가는 북극권 바로 밑에 있어요. 시베리아 북부를 포함한 북극권은 토양의 대부분이 수천 년 동안 얼어 있었지요. 이런 곳을 '영구 동토대'라고 해요. 영구 동토대에서는 여름철에 이끼와 풀, 관목 따위가 조금 자랄 뿐 농작물은 자랄 수가 없어요. 그런데 기후 변화로 지구의 온도가 올라가면서, 북극권 전체의 영구 동토층이 녹기 시작했어요. 그 바람에 수천 년 동안 얼음 속에 갇혀 있던 탄소와 메탄가스가 빠른 속도로 흘러나오고 있어요. 이 탄소와 메탄가스 때문에 앞으로 지구 온난화가 더 심해질 거예요.

시베리아 타이가는 세계에서 가장 사람의 손을 가장 덜 탄 생태계예요. 이 어마어마한 야생 상록수림은 지구의 식물들이 가장 잘하는 일을 하고 있어요. 대기 중의 이산화탄소를 들이마시고 산소를 내뿜는 일, 이 춥고 메마른 땅을 보금자리 삼아 살아가는 털북숭이 동물들이 이루는 먹이 사슬의 출발점이 되는 일 말이에요.

이렇게 이로워요

1년 내내 푸른 이 거대한 숲은 지구의 탄소 창고예요. 대기 중의 이산화탄소를 흡수해 지구 온난화를 막는 데 한몫을 한다는 뜻이지요. 그것만이 아니에요. 이곳에는 석탄, 석유, 천연가스, 철광석 같은 지하자원도 풍부하답니다.

시베리아 타이가의 바위들은 페름기와 트라이아스기 사이에 화산 폭발로 생겨났대요.

내가 공룡보다 먼저 생겼다고!

타이가는 북반구의 냉대 침엽수림을 두루 이르는 말로 지구 표면의 17퍼센트를 차지해요.

여름이면 3백 종이 넘는 철새가 시베리아를 찾아와요. 하지만 추운 겨울을 시베리아에서 나는 새는 30종밖에 안 된답니다.

우린 남쪽으로 간다!

1960년대에 영구 동토층이 녹으면서 드러난 바타가이카 분화구는 세계에서 가장 큰 분화구예요. 전설에 따르면 이곳은 지하 세계의 출입구래요. 분화구 안에서 이상한 소리가 들린다나요?

영구 동토층이 녹으면서 선사 시대 털매머드와 고대의 세균 화석이 모습을 드러냈어요.

이렇게 위협받고 있어요

지구 온난화로 영구 동토층이 녹으면서 그 안에 저장되어 있던 온실가스가 대기 중으로 방출되고 있어요. 또 사람들이 시베리아 타이가의 나무를 베어 가기만 하고 심지 않아서 나무가 줄어들고 있어요. 지나친 석탄 채굴과 사냥도 시베리아의 야생 동물을 위협하고 있답니다.

메탄가스

들여다보아요
인도차이나 맹그로브 숲의 생태계

인도차이나반도에는 해안선을 따라 맹그로브 숲이 발달했어요. 맹그로브는 뿌리에서 소금을 걸러 내는 아주 특별한 식물로, 민물과 바닷물 사이에서 살 수 있게 진화했어요. 두 생태계 사이에 살면서 전이 지대를 이루고 태국, 캄보디아, 베트남, 말레이시아의 해안선을 보호하지요. 맹그로브의 가지와 뿌리는 천연 장벽이 되어 폭풍을 막아 주고, 밀물과 썰물에 의한 해안선 침식을 막고, 동물들에게 미로 같은 피난처를 제공해요. 맹그로브 숲은 해양 동물이 번식하고 새끼를 키우는 중요한 장소이기도 해요. 그리고 태평양과 인도양 전체 해양 생태계에서 중요한 역할을 한답니다. 안다만해의 태국 어부들은 맹그로브 숲에 대해 이렇게 말하곤 해요. "맹그로브가 없는 바다는 아무 의미가 없다. 맹그로브 없는 바다는 뿌리 없는 나무와 같다. 맹그로브가 바다의 뿌리이기 때문이다."

베트남 전쟁 때는 이 중요한 맹그로브 숲이 거의 다 파괴되기도 했었어요. 베트남 중부 해안선의 맹그로브 숲이 탱크에 밟혀 쓰러지고, 엄청난 화력을 지닌 네이팜탄과 생화학 무기인 에이전트 오렌지(고엽제)에 노출되어 심각하게 훼손되었지요. 이 화학 약품은 맹그로브 숲과 주변 생태계, 그리고 베트남의 농촌까지도 파괴했어요. 그 밖에도 미군이 주둔했던 세계의 많은 지역이 고엽제 피해를 입은 것으로 밝혀졌어요.

고엽제는 인체에도 몹시 해로워서 암과 신경계 마비, 기형아 출산을 비롯해 미래 세대에까지 영향을 미칠 수 있는 여러 유전 질환을 일으켜요. 실제로 베트남 전쟁 때 쓰인 고엽제의 영향으로 아직까지 수백만 명이 고통을 받고 있어요. 그나마 다행인 것은 환경 운동가들의 노력으로 맹그로브 숲이 점차 옛 모습을 찾아 가고 있다는 사실이에요.

인도차이나 맹그로브 숲에는 왕도마뱀이나 말레이가비알 같은 파충류들이 많이 살아요.

인도차이나 맹그로브 숲에서는 흰죽지숲오리와 사다새처럼 세계적으로 희귀한 물새들을 볼 수 있어요.

인도차이나 맹그로브 숲은 태국에서 오스트레일리아까지 이어지는 더 큰 생태계의 일부예요. 맹그로브 숲에서 태어난 많은 물고기들이 세계에서 가장 큰 산호초 군락인 그레이트 배리어리프에 가서 살거든요.

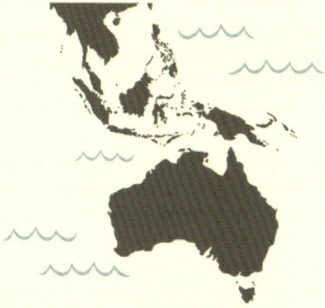

인도차이나 맹그로브 숲이 파괴되는 원인 중 하나는 새우 양식이에요. 전 세계로 수출할 새우를 기르느라 숲을 파괴하고 있는 것이지요.

맹그로브 숲에 사는 어린 말레이언테이퍼는 흰 줄무늬와 점이 있어서 적의 눈에 잘 띄지 않아요. 하지만 태어난 지 7개월쯤 지나면 줄무늬와 점이 사라져요.

이렇게 위협받고 있어요

인도차이나의 많은 사람들이 맹그로브 숲이 쓸모없다고 생각해요. 그래서 맹그로브나무를 베어 버린 다음, 건물을 짓고 농장을 만들지요. 태국에서는 전체 맹그로브의 절반이 베어져서 숯이 되었어요.

게다가 맹그로브 근처에서 물고기를 잡을 때 쓰는 폭탄과 쓰레그물(바다 밑바닥으로 끌고 다니면서 깊은 바닷속의 물고기를 잡는 그물)이 나무와 야생 동물, 특히 어린 해양 동물을 다치게 한답니다.

이렇게 이로워요

맹그로브 숲은 태풍, 해일, 쓰나미 같은 자연재해로부터 해안선을 보호하는 천연 장벽의 역할을 해요. 그뿐만 아니라 물고기와 새우, 게, 조개 들에게도 더없이 좋은 번식지가 되어 주지요. 복잡하게 뒤엉킨 맹그로브 뿌리는 알에서 갓 깨어난 해양 동물들이 숨어 지내기에 안성맞춤이거든요.

들여다보아요
동몽골 스텝의 생태계

동몽골 스텝은 세계에서 가장 넓은 온대 초원이에요. 전 세계의 초원이 엄청난 속도로 줄어들고 있지만, 몽골에서는 아직도 백만 마리가 넘는 몽골가젤이 자유롭게 초원을 돌아다니지요. 몽골의 면적은 알래스카보다 조금 작고, 대부분 완만한 구릉, 풀이 자라는 초원, 축축한 습지로 이루어져 있어요. 몽골은 1년 중에 250일이 맑아 '푸른 하늘의 땅'이라고 불려요. 하지만 대부분의 땅이 평지라 주위를 둘러싼 알타이산맥에 보호받지 못하고 혹독한 기후에 그대로 노출되곤 해요. 여름은 짧고 더우며 풀이 아주 빨리 자라요. 겨울은 매서운 바람이 불고 기온이 영하 40도까지 내려가지요. 몽골 사람들은 이 혹독한 추위를 '조드'라고 부른답니다.

동몽골 스텝은 2017년에 유네스코 세계 유산으로 지정되었어요. 사람의 손을 타지 않은 드넓은 초원과 독특한 야생 동물들 때문이지요. 이 초원에서는 통통한 너구리, 우아한 코사크여우, 멸종 위기종인 프셰발스키 같은 동물들을 만나 볼 수 있어요. 동몽골 스텝이 온전하게 보존될 수 있었던 까닭은 몽골 사람들의 전통적인 토지 관리법 때문이에요. 많은 몽골 사람들이 땅에 의지해 살면서 땅을 돌보는 일을 우선으로 생각하거든요. 사실 20세기에 들어 몽골에서 전통적인 방식으로 살아가는 유목민 수가 오히려 늘어났지요. 몽골 사람들과 스텝의 바람직한 관계 덕분에 오늘날 세계에서 가장 큰 초원 생태계인 동몽골 스텝이 존재할 수 있는 거랍니다.

몽골에는 여전히 전통적인 복장을 하고 게르라는 천막에서 사는 유목민이 많아요.

프셰발스키는 지구에 남은 유일한 야생말로 가축과의 먹이 경쟁과 밀렵 때문에 멸종 위기에 놓여 있어요.

동몽골 스텝은 우크라이나에서 중국까지 아시아 전역을 가로지르는 길이 8천 킬로미터 초원의 일부예요.

몽골에는 아르갈리라는 세계에서 가장 큰 산양이 살아요. 기록에 따르면 몸무게가 356 킬로그램이나 되는 산양도 있었다고 해요.

아르갈리

이래 봬도 3백 킬로그램이 넘는다고!

이렇게 이로워요

세계에서 가장 크고 온전한 온대 초원인 스텝이 온 나라를 먹여 살려요. 몽골의 경제는 가축에서 나오는 고기, 양털, 캐시미어의 생산에 바탕을 두고 있지요. 그래서 몽골 정부는 초원을 온전하게 유지하기 위해 전통적인 토지 관리 기술을 보전하는 한편 사냥을 제한하려고 애써요.

이렇게 위협받고 있어요

산양의 털로 만든 직물인 캐시미어는 몽골에서 가장 수익성이 좋은 수출품이에요. 하지만 캐시미어 산양의 수가 너무 많아지면 문제가 생겨요. 산양이 풀을 뜯을 때 잎은 물론이고 뿌리까지 먹어 치우기 때문이지요. 그러면 초원이 망가지고 결국에는 풀이 자라지 않는 모래 언덕으로 바뀌어요. 몽골 유목민들은 환경 운동가들과 함께 초원을 파괴하지 않고 산양을 방목할 방법을 찾고 있어요. 이 계획이 성공한다면 10년 안에 초원에서 풀이 다시 자랄 거예요. 그러나 캐시미어 수요가 계속 늘고 있기 때문에 쉬운 일은 아니에요.

캐시미어산양

잎에서 뿌리까지 다 먹어요.

들여다보아요
히말라야산맥의 생태계

'히말라야'는 산스크리트어로 '눈의 집'이라는 뜻이에요. 세계에서 가장 높은 산이 있는 이 산맥은 수많은 신화와 전설을 품고 있어요. 20세기에 들어서는 등반가들이 정상을 정복하고 싶어 하는 곳이 되었지요. 하지만 히말라야에는 짜릿한 모험 외에도 많은 것들이 있답니다.

히말라야산맥은 위로 올라갈수록 날씨가 추워져요. 산봉우리는 거의 빙하로 뒤덮여 있지요. 히말라야의 봉우리들은 북극과 남극을 제외하고 지구에서 세 번째로 얼음과 눈이 많이 쌓여 있는 곳이에요. 산 아래쪽에서는 기온이 올라가면서 녹은 얼음과 눈이 강으로 흘러들지요.

고도 5천 미터 아래 서쪽에는 고산 관목지와 산악 초원이 있어요. 눈표범이 교묘히 몸을 숨기고 있다가 사향노루를 사냥하는 곳이지요. 여기서 1천 미터쯤 더 내려가면 소나무와 가문비나무가 자라는 골짜기에 멸종 위기종인 레서판다가 살아요. 고도 약 3천 미터 아래로 내려가면 동쪽으로 거대한 참나무와 아름다운 난초가 자라고 5백여 종에 이르는 새가 사는 온대 활엽수림이 펼쳐져요. 마침내 고도 1천 미터 아래 산기슭에 이르면 빽빽한 나뭇잎 사이로 호랑이와 코끼리가 숨어 있는 열대 활엽수림이 시작돼요.

산비탈의 지형은 저마다 다르지만, 종종 겹치는 부분도 있어요. 산은 정상에서 산기슭까지 전체가 상호 작용하는 거대하고 복잡한 그물이에요. 각 생태계는 이웃 생태계와 도움을 주고받으며 유지된답니다.

히말라야 동부는 아시아에서 가장 큰 포유류인 아시아코끼리와 인도코뿔소, 물소의 보금자리예요.

이 지역은 지각 변동이 활발해서 산사태와 지진, 눈사태가 자주 일어나요.

히말라야에 있는 에베레스트산은 8,848미터에 이르는 세계에서 가장 높은 산이에요. 등반가들이 산의 정상까지 오르는 데 보통 두 달쯤 걸린답니다.

등반가 에드먼드 힐러리와 셰르파(등산 안내자) 텐징 노르가이가 1953년 처음으로 에베레스트산을 정복했어요.

이렇게 이로워요

히말라야산맥의 거대한 빙하는 아시아의 담수원이에요. 정상의 눈이 녹아 아시아에서 가장 큰 강인 인더스강, 양쯔강, 그리고 갠지스-브라마푸트라강으로 흘러들어요. 그리고 산맥 자체가 거대한 장벽이 되어 남아시아의 기후에 영향을 줘요. 겨울이면 시베리아에서 내려온 차고 건조한 북풍이 히말라야에 가로막혀 남아시아로 가지 못하고, 여름이면 인도양에서 올라온 뜨겁고 습한 남서 계절풍이 히말라야에 부딪쳐 세계 최대의 차 생산지인 인도의 아삼 지방에 큰 비를 뿌리지요.

이렇게 위협받고 있어요

기후 변화로 전 세계 고산 지대의 빙하가 빠른 속도로 녹고 있어요. 수많은 아시아 국가에 물을 공급하는 히말라야산맥의 빙하도 빠른 속도로 사라지고 있지요. 그뿐만이 아니에요. 히말라야산맥의 숲도 벌목과 가축 사육으로 몸살을 앓고 있어요. 히말라야 동부에는 초원이 부족해 가축들이 산에서 풀을 뜯어요. 하지만 산은 그 많은 가축들을 다 먹여 살릴 수 없어요. 환경 단체는 히말라야산맥을 보호하는 한편 산에 기대어 살아가는 농부들의 삶을 개선하려고 노력하고 있어요.

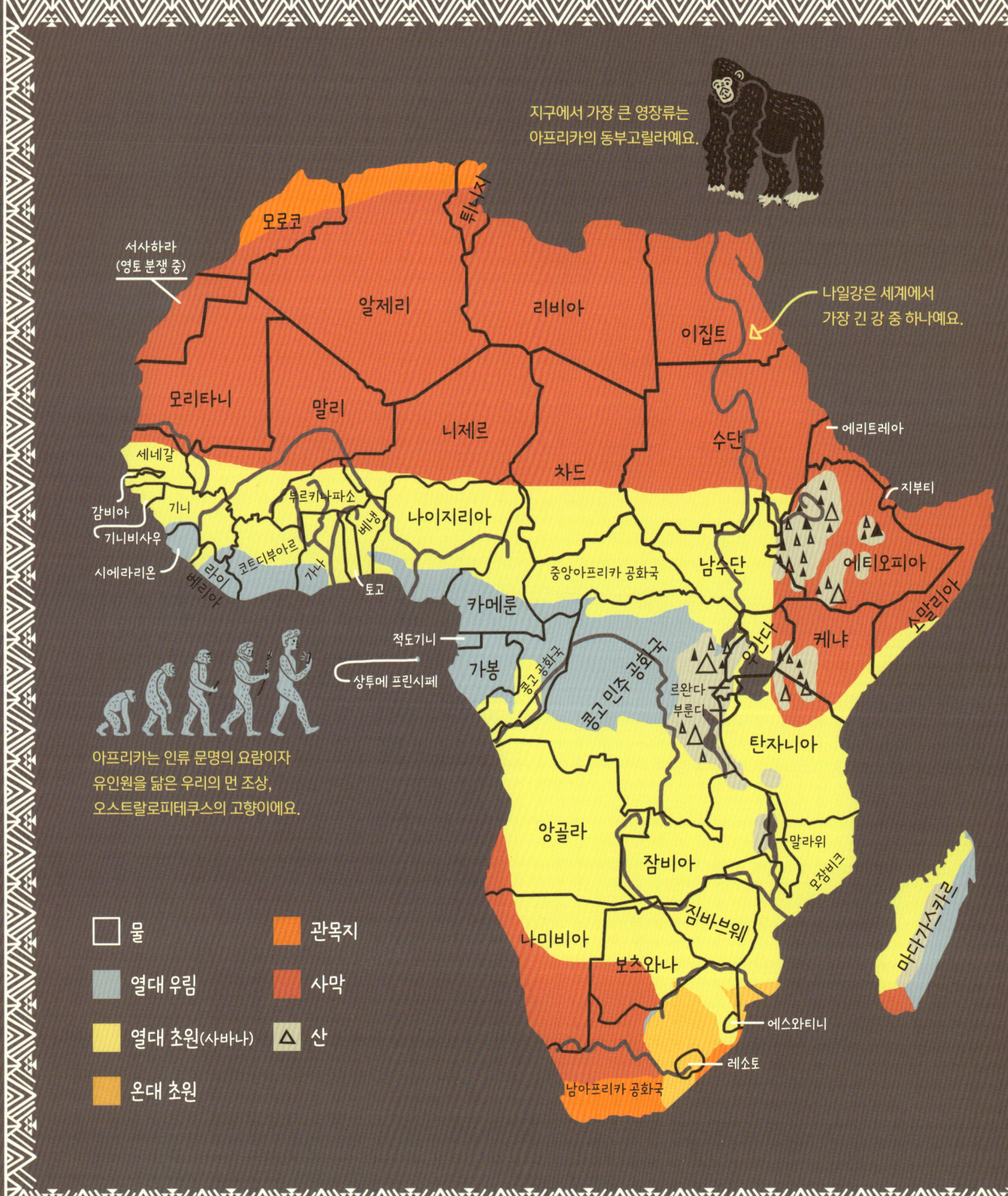

아프리카

아프리카는 인류가 태어난 곳이에요. 6백만 년이라는 시간이 흐르는 동안 인간은 유인원 같은 모습에서 두뇌가 크고 두 발로 걷는 오늘날의 인류, 호모 사피엔스로 진화했어요. 과학자들은 인류 진화의 대부분이 아프리카 대륙에서 일어났다고 믿어요. 6백만 년에서 2백만 년 전 사이의 인류 화석들은 오로지 아프리카에서만 발견되기 때문이지요.

지구에서 두 번째로 큰 대륙인 아프리카에는 세계에서 가장 큰 야생이 자리 잡고 있어요. 아프리카는 서로 반대되는 것들이 공존하는 대륙이기도 해요. 중서부의 콩고 분지에는 힘센 고릴라가 돌아다니는 세계에서 두 번째로 큰 열대 우림이 있는가 하면, 북부에는 낙타가 거니는 세계에서 가장 큰 사하라 사막이 있어요. 세렝게티 초원에서는 세계에서 가장 큰 규모로 이동하는 사자, 얼룩말, 누 무리를 볼 수 있어요.

아프리카에는 귀한 금속, 보석, 광물 같은 천연자원도 많아서 전 세계로 수출하고 있어요. 1600년대에서 1800년대까지 유럽 사람들은 땅과 자원을 차지하려고 아프리카 대륙을 폭력적으로 정복하고 식민지로 삼았지요. 아프리카는 1950년대가 되어서야 식민지에서 벗어나기 시작했고, 많은 국가가 독립하면서 평등을 향한 싸움을 시작했어요. 남아프리카 공화국에서 일어난 아파르트헤이트(인종 차별 정책) 반대 투쟁이 그중 하나예요. 식민주의 역사는 오늘날까지도 아프리카를 구성하는 54개 국가의 정치, 토지 사용, 국경에 큰 영향을 미치고 있어요.

아프리카는 다양한 문화의 터전이에요. 무역과 경제가 발전한 지역도 있지만, 아직 개발되지 않은 지역도 많아요. 세계에서 가장 가난한 나라들이 아프리카에 있고, 빈곤 때문에 밀렵, 지나친 벌목 같은 생태계 파괴가 이어지고 있어요. 아프리카 생태계를 보호하기 위해서는 자원이 부족한 지역 사회에 충분한 교육이 이루어질 수 있는 환경을 마련하고, 지역 주민들이 에너지와 식량을 충분히 얻을 수 있는 지속 가능한 경제 체제를 만들어 가야 해요.

*판근: 나무의 곁뿌리가 판 모양으로 땅 위에 노출된 것.

들여다보아요
콩고 분지 열대 우림의 생태계

콩고 분지의 열대 우림은 아프리카 중앙에서 시작해 서쪽 대서양까지 뻗어 가요. 이 거대한 밀림에서는 고릴라, 코끼리, 물소를 모두 만나 볼 수 있지요. 콩고 우림에는 야생 동식물이 아주 많아요. 이렇게 많은 동식물이 같은 공간에 있으면 경쟁을 피할 수 없어요.

식물들은 공간을 두고 경쟁해요. 햇빛을 받을 수 있는 가장자리를 차지하려고 다양하게 진화하지요. 어떤 식물은 독성이 있는 수액으로 포식자를 물리치고, 어떤 식물은 열매를 먹은 멧돼지나 원숭이가 이동하면서 배설하는 똥을 통해 씨앗을 숲 전체에 퍼뜨리기도 해요. 또 어떤 식물은 햇빛을 차지하려고 다른 식물을 날카로운 가시로 밀치거나 강력한 덩굴로 휘감고 올라가기도 해요.

콩고 우림에는 고작 1헥타르의 땅에 1천 그루 넘는 나무가 자라고 있어요. 이렇게 넓은 지역에 울창한 숲이 자리 잡고 있으면 식물들이 그 지역만의 날씨를 만들어요. 나무는 '증산 작용(식물 속의 물이 기공을 통해 수증기로 나오는 것)'을 통해 산소와 수증기를 배출해요. 그 수증기가 구름이 되었다가 나중에 다시 비로 돌아오지요. 실제로 콩고 우림에 내리는 비의 95퍼센트가 식물의 증산 작용에서 비롯돼요. 폭우가 쏟아져 숲 바닥이 물에 잠기고 정글 곳곳에 있는 수천 개의 강으로 흘러 들어가 마침내 대서양에 이르지요. 지구의 모든 생명은 이 강력한 생태계에 의지해 살아간다고 해도 틀린 말이 아니에요. 지구 전체의 산소량 중 3분의 1이 전 세계 열대 우림에서 만들어지거든요. 콩고 우림은 지구에서 두 번째로 큰 열대 우림인 만큼 '아프리카의 허파'라는 별명을 얻을 자격이 충분하답니다.

이렇게 이로워요

7천 5백만 명에 이르는 사람들이 콩고 우림의 풍부한 생태계에서 경제 활동을 하며 살아가요. 목재는 이 지역의 중요한 수출품 중 하나지요. 빼곡히 들어찬 나무들은 날씨를 조절하고, 지구의 대기에 산소를 더하고, 탄소와의 전쟁에서도 한몫을 단단히 해요. 또 콩고 우림에는 보노보, 오카피, 콩고공작처럼 다른 곳에서는 볼 수 없는 동물들이 살고 있답니다.

콩고 우림의 비룽가 국립 공원은 1925년에 지정된 아프리카 최초의 국립 공원이에요.

콩고 우림의 숲 바닥에서는 현지인들이 '침팬지 불'이라고 부르는 반짝이는 불빛을 볼 수 있어요. 죽은 잎을 먹고 사는 곰팡이가 분비한 특별한 효소에서 나오는 빛이지요.

고릴라 관광 사업은 열대 우림을 보호하고 지역 경제를 살리는 데 도움이 돼요.

콩고 우림은 세계에서 두 번째로 번개가 잦은 곳이에요. 콩고 민주 공화국의 카후지 비에가 국립 공원에서는 1년 동안 1제곱킬로미터 안에서 2백 번이 넘는 번개가 발생해요.

둥근귀코끼리는 줄기가 가느다란 풀과 나무를 먹어 치워 콩고 우림이 너무 빽빽해지지 않게 해 줘요. 콩고 우림의 정원사 노릇을 하고 있는 것이지요.

이렇게 위협받고 있어요

고릴라, 원숭이, 영양 같은 동물들이 밀렵으로 멸종 위기에까지 놓여 있어요. 환경 단체들은 이 지역의 국가들과 힘을 모아 더 많은 열대 우림을 보호 지역으로 만들려고 노력하고 있어요.

콩고 우림 안팎에는 아프리카에서 가장 가난한 지역 사회가 있어요. 이 지역 사회가 경제적 압박을 느끼면, 사람들은 밀렵과 채굴, 벌목을 계속하게 될 거예요. 가난 해결과 환경 보호는 한 쌍이라는 사실을 잊어서는 안 돼요.

들여다보아요
아프리카 사바나의 생태계

1백만 마리가 넘는 누 무리가 이동하는 소리를 들어 본 적 있나요? 누를 쫓는 사자가 으르렁거리는 소리는요? 아프리카 사바나는 동물들이 세계에서 가장 크게 무리 지어 이동하는 곳이에요. 해마다 20만 마리에 이르는 얼룩말과 코끼리, 가젤, 기린 같은 초식 동물들이 신선한 풀과 물웅덩이를 찾아서 이동하지요. 이 동물들은 세렝게티 초원의 남동부에서 북서부 사이를 오가며 해마다 3천 킬로미터 가까운 거리를 여행해요. 치타, 사자, 하이에나 같은 육식 동물들이 초식 동물들을 뒤따르고 새, 곤충, 도마뱀 들도 대형 초식 동물의 가죽에 사는 곤충을 잡아먹으면서 혜택을 누리지요.

사바나는 나무가 드문드문 자라는 열대 초원으로 아프리카 대륙의 절반을 뒤덮고 있어요. 사바나에 사는 동물들의 삶은 우기와 건기에 맞춰져 있지요. 우기에 생기는 거대한 습지에는 하마와 바닷새들이 북적거려요. 건기에는 사바나 일부가 불길에 휩싸이지요. 이 들불로 해마다 영국만큼이나 넓은 땅이 불타곤 해요. 들불은 사바나 생태계를 유지하는 데 꼭 필요해요. 들불이 나면 새로운 풀이 활발하게 자라기 때문이지요.

세계에서 가장 큰 육상 포유류인 아프리카코끼리를 비롯한 초식 동물들은 계절에 따라 움직여요. 코끼리는 가족 단위로 이동하는데, 가장 나이가 많은 암컷이 무리를 이끌지요. 코끼리들은 지능이 아주 높아서 풀이 많은 곳이나 진흙에서 뒹굴기 좋은 곳을 기억했다가 다시 찾아가기도 해요. 아프리카 사바나에서는 이 밖에도 수많은 경이로운 광경을 볼 수 있답니다.

이렇게 이로워요

아프리카 사바나는 야생 동물이 아주 많은 곳이에요. 세렝게티 초원에만도 사자가 3천 마리, 누가 127만 마리, 얼룩말이 20만 마리, 그리고 톰슨가젤이 20만 마리 넘게 살지요. 이 동물들이 사바나를 가로지르며 배출하는 엄청난 양의 똥은 흙을 기름지게 만들어요. 아프리카 사바나는 이렇게 많은 야생 동물을 먹여 살리는 동시에 사람들에게도 농사를 짓고 가축을 기를 수 있는 넉넉한 터전이 되어 준답니다.

콩고 민주 공화국의 니라공고산 같은 활화산에서 나오는 화산재도 사바나를 기름지게 만들어요.

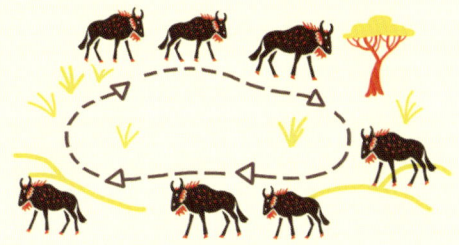

누는 해마다 시계 방향으로 이동해요.

그랜트얼룩말은 개처럼 짖는 소리를 내요.

코끼리는 발바닥에 있는 부드러운 스펀지 같은 조직으로 진동을 느낄 수 있어요. 포식자가 접근하면 발을 굴러 다른 코끼리들에게 경고하지요.

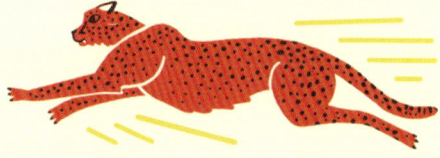

치타는 먹이를 쫓을 때면 최대 시속 110킬로미터로 달릴 수 있어요.

이렇게 위협받고 있어요

아프리카코끼리나 검은코뿔소는 밀렵으로 멸종 위기에 처해 있어요. 지구 온난화로 우기에 비가 덜 내리고 건기가 길어지면서 새로운 풀이 자라기 어려워졌어요. 게다가 마구잡이로 건설된 도로가 동물들의 이동을 방해해요. 다행히 탄자니아의 세렝게티 국립 공원 덕분에 세계에서 가장 큰 규모의 동물 이동이 유지되고 있지만요.

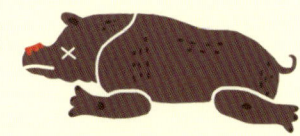

들여다보아요
사하라 사막의 생태계

북아프리카에도 생명이 가득하던 때가 있었어요. 수많은 동물들이 무성한 숲, 풍요로운 호수, 풀로 뒤덮인 들판을 돌아다니던 때가 말이에요. 하지만 이제는 사하라 사막이 전체 대륙의 3분의 1을 차지해요. 사하라 사막에는 1년에 겨우 한두 번 비가 와요. 그 빗물조차 빠르게 증발해 공기 중으로 돌아가지요. 대부분 바위와 자갈로 이루어진 사하라 사막은 드넓고 뜨겁고 위험해요. 사실 사하라에서 모래사막은 고작 20퍼센트에 지나지 않아요. 이 척박한 환경에 적응해 살아가는 동물은 몇몇 곤충과 파충류, 설치류뿐이에요. 이 동물들은 대부분 야행성인 데다 뜨거운 태양을 피해 땅속에서 살아요. 사막의 한낮을 견딜 수 있는 동물은 오로지 사하라은개미밖에 없지요. 하지만 그런 사하라은개미도 밖에서 10분 넘게 버티지는 못해요. 10분이 넘어가면 산 채로 구워질 테니까요.

대부분의 과학자들은 한때 풍요로웠던 이 지역이 사막으로 바뀐 것은 6천 년 전 지구 자전축의 기울기가 달라진 뒤부터라고 생각해요. 이 변화로 태양이 아프리카를 비추는 각도가 달라지면서 기온이 올라가고 땅이 말라 갔어요. 기후의 변화가 너무 급격해서 동식물 대부분이 살아남기 어려워졌지요. 수분을 머금을 식물이 사라지면서 사막은 점점 커졌고 결국 미국만 해졌어요. 오늘날 사하라 사막에 남은 것이라고는 한때 북아프리카를 휘젓고 다니던 동물이 있었다는 사실을 보여 주는 석화된 나무, 돌공예품, 고대 암각화뿐이에요. 물론 고대 호수의 흔적인 오아시스도 드물게 남아 있긴 해요. 하지만 식물과 동물이 없는 한 사막은 계속해서 넓어질 뿐이에요. 게다가 건기와 형편없는 토지 관리가 사막화를 더욱 부채질하고 있어요. 환경 운동가들은 이 지역에서 사막화가 확산되는 것을 막으려고 애쓰고 있답니다.

이렇게 이로워요

오아시스는 사하라를 가로질러 이동하는 상인과 철새들에게 물과 먹이가 있는 쉼터를 제공해요. 또 사하라에는 인이나 철광석 같은 광물이 풍부해 전 세계에 수출되지요. 한때 세계에서 가장 큰 호수가 있던 곳에는 마른 조류와 매장된 광물이 아직도 남아 있어요. 이것들이 바람을 타고 바다 건너 남아메리카까지 날아가 아마존 열대 우림을 기름지게 만들어 준답니다.

예리코의 장미라고도 불리는 부활초는 죽은 듯 보였다가도 다시 살아나요. 마른 풀 같은 모습으로 몇 년을 굴러다니다가도 물을 만나면 잎을 틔우고 씨앗을 맺는답니다.

사하라 사막의 오아시스 덕분에 사막 한가운데에도 야자수, 양치류, 물고기, 심지어 악어까지 살 수 있어요.

낙타는 물을 마시지 않고도 오랫동안 견딜 수 있어서 '사막의 배'라는 별명을 지녔어요. 하지만 이런 낙타도 우물이나 오아시스로 안내하는 사람이 없으면 살아남지 못한답니다.

땀을 거의 안 흘린다.
혹 속 지방을 분해하면 수분이 생긴다.
콧구멍을 닫아 수분 손실을 막는다.

사구가 무너져 내릴 때면 10킬로미터 밖에서도 마치 노래를 흥얼거리는 듯한 소리가 들린대요.

나는야 명가수! 워우워-

이렇게 위협받고 있어요

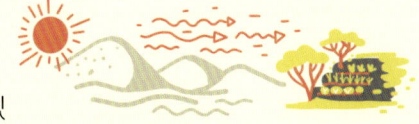

사막화로 사하라 사막이 점점 커지면서 나머지 아프리카 지역을 위협하고 있어요. 한때 세계에서 가장 큰 호수 중 하나였던 차드호는 40년 만에 20배 가까이 줄어들고 말았어요. 사하라 사막 주변 국가의 정부, 생태학자, 지역 농부들은 초원이 사막으로 바뀌는 중간 지대인 사헬에 나무를 심어 사막화를 늦추려고 애쓰고 있어요. 대표적인 것이 아프리카 연합이 이끄는 녹색 만리장성 사업이에요. 아프리카 서쪽 끝 세네갈부터 동쪽 끝 지부티까지 길이 8천 킬로미터에 이르는 거대한 숲을 만드는 사업이지요. 니제르는 이 사업으로 2억 그루의 나무를 심고 5백만 헥타르의 땅을 되살렸어요. 그리고 이 땅에서 연간 50만 톤의 곡식을 거두어 250만 명을 먹여 살릴 수 있게 되었답니다.

들여다보아요
아프리카 희망봉의 생태계

아프리카의 남쪽 끝, 희망봉에는 눈길이 닿는 곳마다 형형색색 꽃들이 가득해요. '케이프 식물구계 보호 구역'으로 불리는 이 지역에는 자그마치 9천 종에 이르는 식물이 살지요. 인도양에서 오는 따뜻한 아굴라스 해류와 대서양에서 오는 차가운 벵겔라 해류가 만나 만들어진 날씨 덕분에 이런 생태계가 완성되었어요. 바다의 온도는 그 지역의 날씨와 동식물에 영향을 줘요. 서로 다르면서도 강력한 두 해류가 만나면 다양한 식물이 자랄 수 있는 미기후가 생겨나지요. 차가운 벵겔라 해류는 케이프반도에 차가운 안개를 드리워요. 반면, 세계에서 가장 강력한 해류 중 하나인 따뜻한 아굴라스 해류는 열대 바다와 비구름을 움직여서 여름철 아프리카 동남쪽 해안에 비를 내리지요. 케이프반도의 수많은 식물들은 케이프마운틴얼룩말과 차크마개코원숭이, 그리고 250종이 넘는 새들을 먹여 살린답니다.

많은 해양 동물이 해류를 이용해 바다에서 길을 찾고 이동해요. 차가운 벵겔라 해류와 따뜻한 아굴라스 해류가 만나는 희망봉 주변에는 수많은 해양 동물이 몰려들어요. 해양 동물이 많다는 것은 이 바다 포식자들의 먹이가 많다는 뜻이기도 하지요. 그래서 희망봉 주변에는 세계에서 가장 큰 백상아리 개체군과 수천 마리에 이르는 돌고래 무리가 맛 좋은 먹이를 찾아 모여들곤 해요. 강력한 두 해류가 없었다면 아프리카 대륙의 끝, 희망봉은 오늘날처럼 다양한 생물이 공존하는 아름다운 생태계가 되지 못했을 거예요.

케이프 식물구계는 '세계 6대 식물 왕국'으로 꼽혀요. 아프리카 대륙의 0.5퍼센트도 되지 않는 지역 안에 아프리카 대륙 전체 식물의 20퍼센트가 살기 때문이에요.

엄청난 규모의 정어리 떼가 차가운 벵겔라 해류를 타고 희망봉까지 헤엄쳐 오곤 해요. 하지만 따뜻한 아굴라스 해류에 막혀 더 나아가지 못하고 두 해류 사이에 갇히고 말지요. 이때를 틈타 고래, 상어, 돌고래, 바닷새, 물개가 정어리들을 신나게 잡아먹어요.

벵겔라 해류가 만들어 내는 차가운 공기 덕분에 자카스펭귄처럼 엉뚱한 동물도 이곳에서 살 수 있어요.

원숭이풍뎅이는 차가운 대서양 밤공기를 피하려고 꽃 속에 들어가서 자요.

이렇게 이로워요

희망봉이 속해 있는 케이프 식물구계는 놀라운 생물 다양성 때문에 유네스코 세계 문화유산으로 지정되었어요. 희망봉 주변 바다 또한 두 해류가 불러온 수많은 해양 생물 덕분에 대형 해양 포식자들의 중요한 경유지이자, 남아프리카 사람들의 소중한 어장으로 쓰이고 있어요.

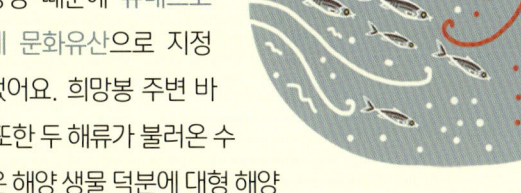

이렇게 위협받고 있어요

케이프타운은 남아프리카에서 두 번째로 큰 도시예요. 도시 인구가 늘어나면서 건설한 댐이 물의 자연스러운 흐름을 방해하고 야생 동물의 서식지를 망가뜨렸어요. 그 바람에 이 지역 식물 중 1천 7백 종 이상이 멸종 위기에 처했고, 26종은 이미 멸종했어요. 환경 보호 단체는 이곳을 지키기 위해 지역 정부와 힘을 합해 테이블 마운틴 국립 공원을 설립하고 생태 관광(환경 피해를 최소화하면서 자연을 관찰하고 이해하며 즐기는 여행 방식)을 추진하고 있어요.

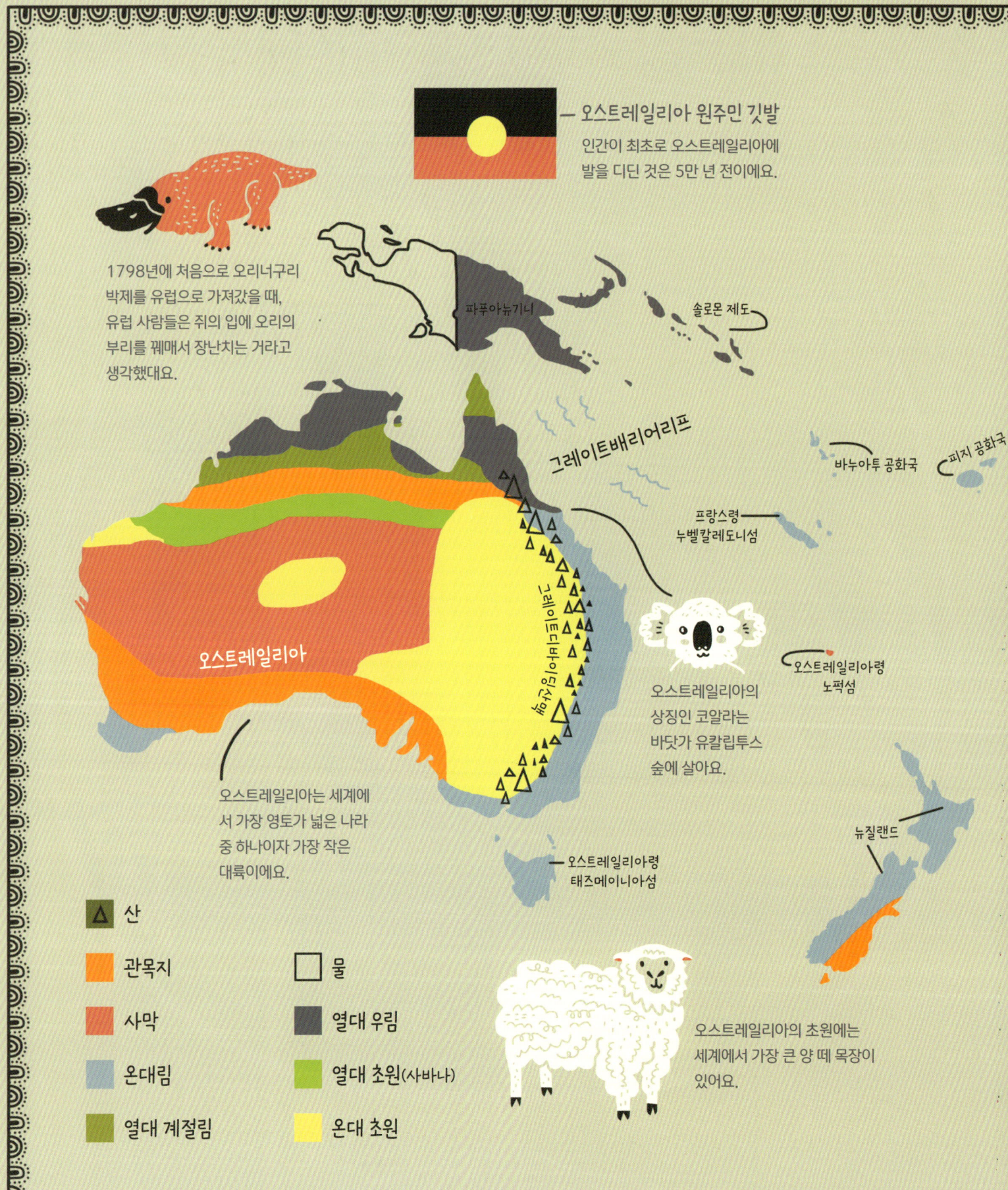

오스트랄라시아

오스트랄라시아는 오스트레일리아와 뉴질랜드, 그리고 주변 섬들을 통틀어 이르는 말이에요. 세계 7대 륙 중 하나인 오세아니아주의 서남쪽에 자리하고 있지요. 오세아니아주에서 가장 면적이 넓은 오스트레일리아는 '가장 오래된 대륙'이라는 별명을 가지고 있어요. 오스트레일리아가 실제로 세계에서 가장 오래된 대륙은 아니지만, 그 거칠고도 아름다운 풍경을 보고 있으면 마치 시간을 거슬러 온 것 같은 기분이 들거든요. 다른 대륙과 멀리 떨어져 있어서 사람의 손을 덜 탄 덕분이지요.

오스트레일리아의 동식물은 자그마치 5천만 년 동안 세계의 나머지 대륙과 동떨어져 지냈어요. 드넓은 바다에 둘러싸인 채 자유롭게 진화하고 특별한 방식으로 서로 경쟁해 왔지요. 이를테면 알을 낳는 포유류는 오스트레일리아에만 있어요. 바로 오리너구리와 바늘두더지 들이지요. 또 오스트레일리아에는 캥거루나 코알라 같은 유대류가 아주 많아요. 유대류는 다른 포유류와 달리 미성숙한 새끼를 몸속이 아닌 몸 바깥의 주머니에서 키워요. 이상하고 재미있는 새도 많아요. 이를테면 화식조는 머리에 솟은 투구 모양 돌기와 날카로운 발톱이 공룡 벨로키랍토르를 닮았어요.

오스트레일리아는 '아웃백'이라는 오지로도 유명해요. 사람이 거의 살지 않는 아웃백에는 세계에서 가장 온전한 모습으로 보존된 사바나가 있어요. 바닷가의 울창한 숲과 그에 못지않게 무성한 바닷속 산호초도 빼놓을 수 없지요. 유럽 사람들은 1788년 오스트레일리아를 식민지로 만들면서 엄청나게 많은 나무를 베어 냈어요. 유칼립투스 같은 토종 식물들이 베어져 나가면서 유칼립투스 잎을 먹고 사는 코알라 같은 토종 동물들도 멸종 위기에 처했지요. 최근에는 2백 일 넘게 이어진 산불로 수많은 토종 동식물들이 큰 피해를 입기도 했어요. 오스트레일리아의 독특한 생태계를 보존해 나가려면 우리 모두가 더 많은 관심과 노력을 기울여야 해요.

들여다보아요

오스트레일리아 사바나의 생태계

오스트레일리아 북쪽에는 세계에서 가장 넓고 손상되지 않은 사바나가 있어요. 오스트레일리아의 사바나는 대륙의 4분의 1을 차지할 정도로 넓지만, 전체 인구의 고작 5퍼센트가 살 뿐이에요. 풀이 무성한 이 초원은 여섯 개의 서로 다른 구역으로 나뉘고, 세계에서 가장 희한한 야생 동물들이 살고 있답니다.

오스트레일리아는 오랫동안 다른 대륙과 교류가 없었기 때문에 이곳의 야생 동물들은 독특한 방식으로 진화했어요. 붉은캥거루와 왈라비 같은 유대류는 몸 바깥에 있는 주머니에 새끼를 넣고 다녀요. 새끼는 엄마가 사바나에서 풀을 뜯는 동안 주머니 밖으로 작은 머리를 내놓고 있지요. 또 흰개미는 풀로 사람 키만큼이나 높은 탑을 짓는데, 놀랍게도 타원형의 탑 바닥을 가로지르는 장축이 정확히 남과 북을 가리켜요. 오스트레일리아에서 가장 널리 알려진 새 에뮤도 빼놓을 수 없어요. 에뮤는 새들의 선조인 공룡을 닮았는데, 키가 1.8미터에 이르고 천적을 발견하면 큰 소리로 쉭쉭거려요. 비록 날지는 못하지만 최대 시속 48킬로미터로 초원을 달리지요. 오스트레일리아 사바나는 세계 자연 기금(WWF)에서 지정한 세계 2백 대 생태 지역 중 하나예요. 다른 어디에서도 볼 수 없는 다양한 생물들이 살아가고 있기 때문이지요.

세계에서 가장 긴 용암 동굴이 있는 운다라 화산 국립 공원과 현무암 지대인 그레이트 바살트 월 국립 공원은 고대에 화산이 폭발하면서 생겨났어요.

오스트레일리아 사바나에 사는 호금조는 세상에서 가장 아름다운 새로 손꼽혀요.

오스트레일리아 들개인 딩고는 토끼, 왈라비, 심지어 캥거루까지 잡아먹어요.

오스트레일리아에서는 캥거루 무리를 몹이라고 불러요. 캥거루 암컷은 플라이어, 수컷은 부머, 새끼는 조이라고 부르지요.

수백만 년 전 에뮤의 조상은 날 수 있었대요. 그러나 공룡이 멸종해 포식자가 사라지고 먹이를 구하기가 쉬워지면서 여러 세대에 걸쳐 몸이 점점 커졌어요. 그리고 결국엔 몸이 너무 무거워서 날지 못하게 되었답니다.

이렇게 이로워요

초원은 가축을 기르거나 농사를 짓기에 좋아요. 그 바람에 전 세계 초원의 70퍼센트가 인간의  손으로 파헤쳐졌지요. 하지만 오스트레일리아의 사바나는 아직 대부분이 온전하게 남아 있어요. 물론 일부 지역이 농경지나 방목지로 쓰이고 있긴 하지만요. 사바나는 여러 토착민 공동체의 터전이기도 해요. 토착민들은 사바나의 기름진 땅에 기대어 살면서 자신들만의 고유한 문화와 전통적인 토지 관리법을 이어 나가고 있어요.

이렇게 위협받고 있어요

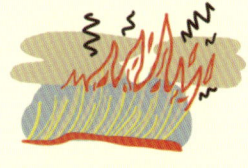

방목하는 가축과 외래종이 늘어나면서 초원이 망가지고 있어요. 하지만 오스트레일리아 사바나에 가장 큰 위협이 되는 것은 지구 온난화예요. 다른 초원과 마찬가지로 오스트레일리아의 사바나에도 주기적으로 들불이 일어나곤 해요. 그런데 지구의 기온이 올라가고 건기가 길어지면서 초원의 풀이 말라 아무 때나 들불이 나고 있어요. 오스트레일리아뿐 아니라 전 세계의 초원과 관목지가 잦은 들불로 피해를 입고 있지요. 환경 운동가와 토착민들은 때 아닌 들불을 막기 위해 토지 관리에 힘쓰고 있어요.

들여다보아요
태즈메이니아 온대 우림의 생태계

1억 8천만 년 전쯤에는 공룡들이 '곤드와나'라는 초대륙(대륙들이 지금처럼 나뉘기 전에 있었던 하나의 거대한 대륙)을 지배했어요. 시간이 지나 곤드와나가 분리되면서 오스트레일리아를 비롯한 여러 대륙과 섬이 생겨났지요. 남반구의 수많은 섬들 중 하나인 태즈메이니아에서는 공룡과 함께 살았던, '살아 있는 화석'이라고 불리는 나무와 이끼, 무척추동물들을 지금도 볼 수 있어요. 태즈메이니아 온대 우림은 이렇듯 먼 옛날의 흔적들을 고스란히 간직한 까닭에 유네스코 세계 유산으로 지정되었답니다.

태즈메이니아는 오스트레일리아에 딸린 작은 섬이지만, 자그마치 여덟 개나 되는 생물 군계로 나뉘어요. 태즈메이니아의 10퍼센트를 차지하는 조용하고 시원한 온대 우림은 곤드와나의 야생을 거의 그대로 간직한 세계에서 가장 귀한 원시림이에요. 로마티아 타스마니카라는 희귀한 관목을 비롯해 수많은 꽃과 나무가 6천만 년 넘도록 이곳에서 살고 있거든요. 어떤 유칼립투스 나무는 키가 90미터도 넘게 자라요. 북아메리카 대륙의 레드우드와 맞먹는 크기지요. 태즈메이니아 온대 우림은 부드러운 초록색 이끼가 숲 바닥을 덮고, 산호처럼 파랗고 빨간 곰팡이가 점점이 퍼져 있는 숲이에요.

태즈메이니아 온대 우림에는 우단벌레 같은 고대의 무척추동물도 살아요. 최초의 곤충이 생겨나기도 전인 3억 년 전부터 지구에서 살아온 동물이지요. 우단벌레는 늑대처럼 무리 지어 사냥을 하고, 얼굴에서 끈적거리는 점액질을 뿜어내 먹잇감을 사로잡는답니다. 또 작은 캥거루처럼 생긴 태즈메이니아덤불왈라비, 타이거주머니고양이, 태즈메이니아주머니너구리처럼 귀여운 털북숭이 유대류도 살아요. 그 밖에도 세상에 알려지지 않은 수많은 생물들이 살고 있어서, 지금도 새로운 종이 발견되곤 한답니다.

이렇게 이로워요

태즈메이니아 온대 우림은 산소를 만들고 수많은 동물의 보금자리가 되어 줘요. 향기가 좋고 잘 썩지 않는 황금빛 목재로 사랑받는 휴온파인과 레드우드 꿀로 유명한 레더우드도 이곳에서만 볼 수 있어요.

주사위 모양의 똥을 누는 것으로 유명한 웜뱃은 온대 우림의 개울가에 집을 짓곤 해요.

태즈메이니아늑대는 4백만 년 전부터 살았던 가장 큰 육식성 유대류였어요. 하지만 사람들이 가축에 해를 주는 위험한 동물로 생각해 모조리 사냥하는 바람에 안타깝게도 1930년대에 멸종했어요.

태즈메이니아 전체 면적의 20퍼센트가 유네스코 세계 유산으로 지정되었어요.

태즈메이니아데빌은 높고 날카로운 울음소리 때문에 '악마(데빌)'라는 이름이 붙었어요.

이렇게 위협받고 있어요

태즈메이니아 온대 우림은 대부분 국립 공원이나 보호 구역으로 지정되어 보호받고 있어요. 하지만 기후 변화로 산불이 자주 일어나고, 사람들이 보호

구역 주변의 나무를 함부로 베어 내면서 생태계가 위협받고 있어요. 태즈메이니아 온대 우림은 레드우드 숲과 달리 화재에 강하지 않아요. 과거 40년 동안 벌목된 적이 있는 숲은 그렇지 않은 숲보다 화재 피해를 훨씬 많이 입었다고 해요. 태즈메이니아 온대 우림을 보존하려면 주변 지역까지 함께 보호해야 한답니다.

들여다보아요
그레이트배리어리프의 생태계

오스트레일리아 동해안의 청록색 물속에는 세계에서 가장 큰 살아 있는 구조물, 그레이트배리어리프가 있어요. 그레이트배리어리프는 일본만 한 면적에 3천 개가 넘는 산호초가 모여 이루어진 거대하고 화려한 산호초 군락이에요. 산호초는 꽃이나 나무, 돌처럼도 보이지만, 실제로는 산호충이라는 작은 동물 수천 마리가 모여 한 몸을 이루고 사는 군체지요. 산호충은 촉수가 달린 투명하고 말랑한 야행성 동물인데, 산호충이 분비한 탄산칼슘이 산호의 딱딱한 외골격을 이룬답니다.

산호충은 식물 플랑크톤인 주산텔라와 공생해요. 주산텔라는 산호충 안에 살면서 광합성을 하지요. 산호충은 촉수로 동물 플랑크톤이나 작은 물고기를 사냥할 때도 있지만, 주로 주산텔라에서 필요한 영양분과 산소를 얻어요. 산호의 화려한 색도 주산텔라에게서 비롯된 것이지요. 대신 주산텔라는 산호충에게서 안전한 서식지와 광합성에 필요한 이산화탄소를 얻는답니다.

그레이트배리어리프는 6백 종이 넘는 산호가 만든 형형색색의 탑과 터널로 이루어져 있어요. 그 구석구석에는 수천 종이 넘는 해양 동식물들이 살고 있고요. 열대 어류, 해마, 가오리, 상어, 고래, 심지어 바닷새까지 모두 산호초에 의지해 살면서 세상에서 생물 다양성이 가장 높은 해양 생태계를 이루고 있지요. 산호초는 전 세계 바다 생태계의 0.1퍼센트밖에 차지하지 않지만, 전 세계 해양 생물의 25퍼센트를 먹여 살린답니다.

이렇게 이로워요

그레이트배리어리프의 생태학적 가치는 자그마치 2백 조 원에 이르러요. 수천 종에 이르는 해양 동식물을 먹여 살리는 것은 물론이고, 오스트레일리아를 태풍과 허리케인에서 지켜 주거든요. 오스트레일리아 어업과 관광업의 기반이 되는 것은 말할 것도 없지요.

그레이트배리어리프는 2016년에 지구 온난화로 역사상 최악의 백화 현상을 겪었어요. 바닷속의 사막화 현상이라고 할 수 있는 백화 현상은 2017년에도 한 번 더 일어났어요.

그레이트배리어리프는 수천 년 전에 죽어서 화석이 된 산호로 이루어진 석회암 위에 있어요.

산호의 화려한 색깔은 주산텔라의 초록색과 형광 단백질 색소에서 비롯된 거예요. 산호는 햇빛으로부터 스스로를 보호하려고 형광 단백질 색소를 만들지요. 마치 자외선 차단제를 바르듯이 말이에요.

그레이트배리어리프는 우주에서도 보인대요!

대왕조개는 무게가 2백 킬로그램이나 나가고 1백 년도 넘게 살아요.

이렇게 위협받고 있어요

지구 온난화로 전 세계 산호초에서 백화 현상이 일어나고 있어요. 수온이 올라가면 주산텔라는 독성이 있는 과산화수소를 분비해요. 그러면 산호충은 주산텔라를 뱉어 내고 유령처럼 하얗게 말라 가요. 이것을 백화 현상이라고 하지요. 산호가 죽어 가는 것을 막으려면 바닷물 온도를 낮춰야 해요. 지금이라도 지구 온난화의 속도를 늦춘다면 남은 산호초를 구할 수 있을 거예요.

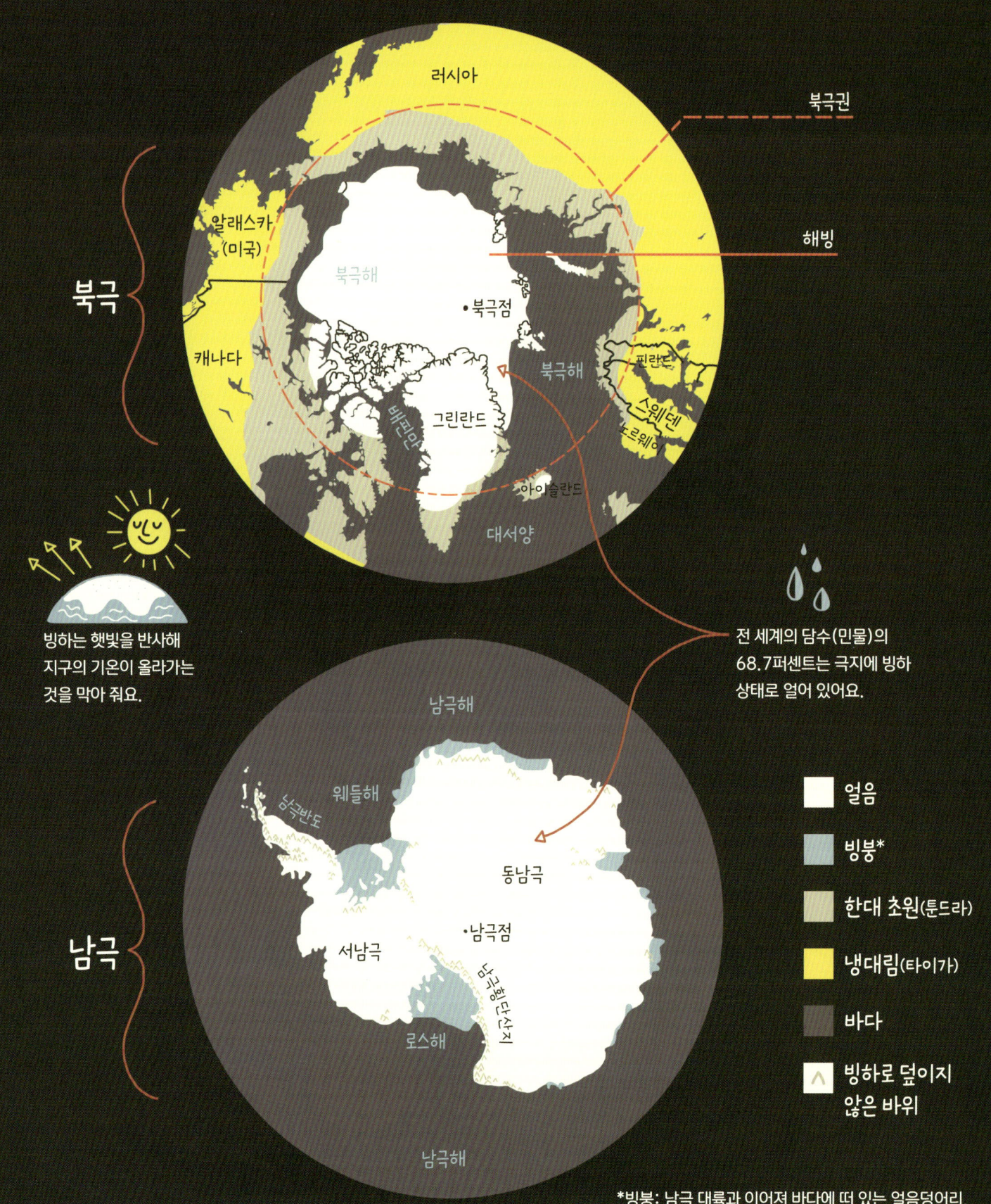

극지

북극과 남극은 적도에서 가장 멀리 떨어져 있는, 지구에서 가장 추운 곳이에요. 두 곳 모두 1년의 절반 동안 어둠이 계속되고, 햇빛은 대부분 빙하에 반사되어 우주로 돌아가지요. 북극해와 남극의 툰드라에는 이런 험한 환경에서도 꿋꿋이 살아가는 강인한 야생 동물들이 있어요.

남극은 바다로 둘러싸인 얼어붙은 대륙이고, 북극은 육지로 둘러싸인 얼어붙은 바다예요. 그래서 남극의 기온이 북극보다 훨씬 낮아요. 남극 대륙은 1년 내내 두꺼운 얼음으로 덮여 있어 햇빛을 모두 반사하지만, 북극해는 계절에 따라 얼음이 녹아 햇빛을 흡수할 수 있는 곳도 더러 있거든요. 남극 대륙 전체가 2~3킬로미터 두께의 빙하로 덮여 있는 것도 혹독한 추위의 원인이에요. 고도가 올라갈수록 공기가 차가워지기 때문이지요.

지구 온난화는 북극과 남극 양쪽에 나쁜 영향을 줘요. 바닷물이 따뜻해지면 북극의 빙하가 줄어들고 남극의 빙붕이 무너져 내려요. 빙하가 줄어들면 우주로 반사하는 햇빛의 양이 줄어들면서 바다가 더 많은 햇빛을 흡수하기 때문에 바닷물이 더 따뜻해지는 악순환이 일어나지요. 동시에 거대한 빙하에 갇혀 있던 민물이 바다로 녹아들어 해수면의 높이가 올라가요. 과학자들은 높아진 해수면이 전 세계 날씨와 해류에 영향을 줄 거라고 해요. 이런 환경 변화에 대해 더 많이 공부해서 지구 생태계를 잘 보존하는 것이 우리가 해야 할 일이에요.

들여다보아요
북극권의 생태계

북극권은 지구의 가장 북쪽에 있어요. 우리는 차를 타고 북극의 빙하 위를 달릴 수도 있지만, 사실 북극은 땅이 아니에요. 하얀 눈으로 뒤덮인 두꺼운 해빙(바다 얼음)이지요. 북극의 새하얀 눈과 얼음은 햇빛의 80퍼센트를 우주로 돌려보내는 탓에 북극은 거의 1년 내내 얼어 있어요. 하지만 여름에는 일부가 녹아서 북서 항로(북대서양에서 북아메리카의 북극해를 지나 태평양에 이르는 바닷길)가 드러나기도 해요. 북서 항로는 세계에서 사람들이 가장 많이 이용하는 무역로 중 하나라, 이 길의 권리를 두고 여러 나라가 다투고 있어요.

북극권의 겨울은 평균 영하 30~40도 정도로 엄청 추워요. 하지만 이렇게 추운 날씨에도 북극권에는 생명이 가득해요. 북극곰은 북극을 상징하는 동물로 해빙 위에 살면서 사냥을 해요. 먹이 사슬의 맨 꼭대기에 있는 최상위 포식자이지요. 북극곰 외에도 바닷새, 바다사자, 북극토끼, 바다오리, 범고래에 이르기까지 수많은 동물들이 북극에 살아요. 북극의 동물들은 살아남기 위해 보호색을 띠어요. 이를테면 북극여우는 여름철에는 갈색이다가 겨울철이 되면 흰털이 자라 눈 속에 몸을 숨기지요. 바다표범은 새끼 때 흰색이던 털이 자라면서 점점 진한 갈색으로 변해요. 짙은 바닷물 속에 몸을 잘 숨길 수 있도록 말이에요.

따뜻한 계절에는 전 세계에서 온갖 동물들이 해조류와 식물 플랑크톤을 먹으려고 북극으로 모여들어요. 북극권은 동물들에게 먹이를 제공하고 기후를 조절해 지구 전체의 생명을 지키는 중요한 곳이랍니다.

눈과 얼음이 반사하는 햇빛의 양은 '알베도(반사율)'라는 단위로 측정해요. 반사된 빛의 온기가 너무 강하면 아지랑이처럼 보이기도 해요.

귀신고래는 해조류가 풍성해지는 여름철이면 먹이를 찾아 멕시코만에서 북극해까지 이동해요.

오로라는 태양풍이 지구의 대기와 부딪쳐 일어나는 현상이에요. 자기장이 약해 태양풍을 튕겨 내지 못하는 극지방에서 주로 볼 수 있지요.

북극곰은 원래 피부가 검고 털은 투명해요. 투명한 털이 빛을 반사하기 때문에 눈처럼 하얗게 보이는 것이랍니다.

북극점과 남극점에서는 겨울철이면 24시간 해가 뜨지 않는 극야가, 여름철이면 24시간 해가 지지 않는 백야가 6개월 넘게 계속돼요. 지구의 자전축이 기울어 있기 때문이지요.

이렇게 이로워요

북극권에는 해양 생물이 많아요. 북극의 물고기들은 다른 동물은 물론 인간에게도 중요한 식량 자원이에요. 전 세계 사람들이 북극해에서 잡히는 생선을 먹거든요.

또 북극권에는 광물 자원도 풍부해요. 해저와 꽁꽁 언 땅 주위에는 지구 전체 매장량의 13퍼센트에 이르는 석유와 30퍼센트에 이르는 천연가스가 묻혀 있어요. 그러나 지구에 가장 큰 보탬이 되는 것은 아마도 햇빛을 반사하는 눈과 얼음일 거예요. 북극권의 눈과 얼음은 지구의 열기를 식히고 기후를 조절하는 역할을 하거든요.

이렇게 위협받고 있어요

온난화는 지구를 위협하는 가장 심각한 문제예요. 그중에서도 북극은 온난화의 영향을 가장 크게 받는 지역이지요. 지구의 기온이 올라가면 해빙이 줄어들고, 수백 년 동안 빙하에 갇혀 있던 민물이 녹아서 바다로 흘러들어요. 그렇게 해수면이 올라가면 섬과 해안 도시 일부가 바다에 잠길 수도 있어요. 빙하가 줄어들수록 지구는 점점 더 더워질 거예요. 지구를 지키려면 무엇보다도 이산화탄소 배출을 줄여야 해요. 이대로 가면 우리도 집을 잃고 바다 위를 떠다니는 북극곰 같은 처지가 되고 말 거예요.

들여다보아요
남극 툰드라의 생태계

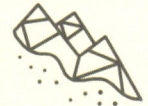

건조한 곳이라고 하면 대부분 뜨거운 모래사막을 떠올릴 거예요. 하지만 지구에서 가장 건조한 곳 중 하나는 남극 대륙이에요. 남극의 풍경은 세상의 종말이 떠오를 정도로 황량하지요. 사람이 살 만한 곳은 아니지만, 남극 대륙의 해안에도 계절의 변화와 얼음 바다에 기대어 사는 생명이 가득해요.

1억 7천만 년 전에 남극 대륙은 공룡들이 돌아다니던 초대륙 곤드와나의 일부였어요. 하지만 곤드와나에서 떨어져 나와 수백만 년에 걸쳐 극지로 이동해 오늘날 우리가 아는 얼어붙은 대륙이 됐어요. 최근에 과학자들은 남극에서 고대의 나무 화석을 발견했어요. 이 화석을 통해 1백만 년 전 남극 대륙에는 6개월이나 이어지는 밤을 견딜 수 있게 진화한 나무가 자라는 숲이 있었다는 사실을 알게 되었지요. 화석과 지하 깊숙한 곳에 잠들어 있는 지하수도 고대 남극이 어떤 모습이었는지 짐작할 수 있게 해 준답니다.

남극 대륙 하면 가장 먼저 떠오르는 동물은 펭귄이에요. 남극 대륙에는 짙은 황금빛 눈썹을 가진 통통한 마카로니펭귄부터 크고 위엄 있는 황제펭귄까지 다양한 펭귄이 살아요. 이 날지 못하는 독특한 새들은 주로 남극의 해안 지역에서 살아가지요. 남극의 먹이 사슬은 북극과 마찬가지로 얼어붙은 해조류에서 시작돼요. 여름에 얼음이 녹고 식물 플랑크톤이 늘어나면, 식물 플랑크톤을 먹는 크릴도 늘어나요. 그러면 바닷새, 바다표범, 고래가 떼 지어 남극 바다로 몰려들지요.

남극 대륙은 어떤 나라에도 속하지 않아요. 정착해서 사는 사람도 없어요. 그저 잠시 머무는 관광객과 과학자들뿐이지요. 덕분에 세계에서 가장 온전하게 보존될 수 있었어요. 최초로 남극 대륙을 탐험한 로알 아문센은 이 땅을 '동화 속 세계'라고 말하기도 했답니다.

이렇게 이로워요

남극과 북극은 공통점이 많아요. 남극해는 북극해와 마찬가지로 수많은 해양 동물의 먹이터이자 보금자리예요. 그리고 얼음으로 뒤덮인 남극 대륙의 표면은 햇빛과 열을 우주로 반사해 지구의 기후를 조절해 준답니다.

남극에서 가장 큰 관측 기지는 미국의 맥머도 기지예요. 여름철이면 4천 명 가까운 과학자들이, 겨울철에는 1천 명 가까운 과학자들이 남극에 머무르며 관측과 연구 활동을 해요.

1959년에 체결된 남극 조약에는 '남극 대륙과 남극해는 과학 연구와 같은 평화로운 목적으로만 이용할 수 있으며, 모든 발견은 서로 공유하고 자유롭게 이용한다'는 약속이 담겨 있어요. 현재 남극 조약에 가입한 나라는 모두 54개국이에요.

남극 대륙에도 식물이 자라요. 바위를 뒤덮은 이끼들이지요. 하지만 꽃이 피는 식물은 남극개미자리와 남극좀새풀, 새포아풀, 세 종류밖에 없어요.

남극 대륙 동부에는 6백만 마리에 이르는 아델리펭귄이 살고 있어요.

남극반도는 1950년부터 10년에 0.5도씩 따뜻해졌어요. 이것은 세계 평균보다 훨씬 빠른 속도예요.

이렇게 위협받고 있어요

남극에 정착해서 사는 사람은 없지만, 남극 생태계에 가장 큰 영향을 끼치는 건 역시 사람이에요. 지구 온난화는 남극 빙붕을 녹이고 균열을 일으켜요. 2017년에 떨어져 나간 빙붕은 지금까지 기록된 가장 큰 빙산 중 하나가 되어 바다를 떠다니고 있어요. 남극 대륙의 얼음이 모두 녹는다면, 해수면이 60미터까지 상승해 전 세계의 해안이 물에 잠기고 말 거예요.

세계의 바다

- 북극해
- 태평양
- 대서양
- 태평양
- 인도양
- 남극해

☐ 짠물
■ 민물

바다의 깊이

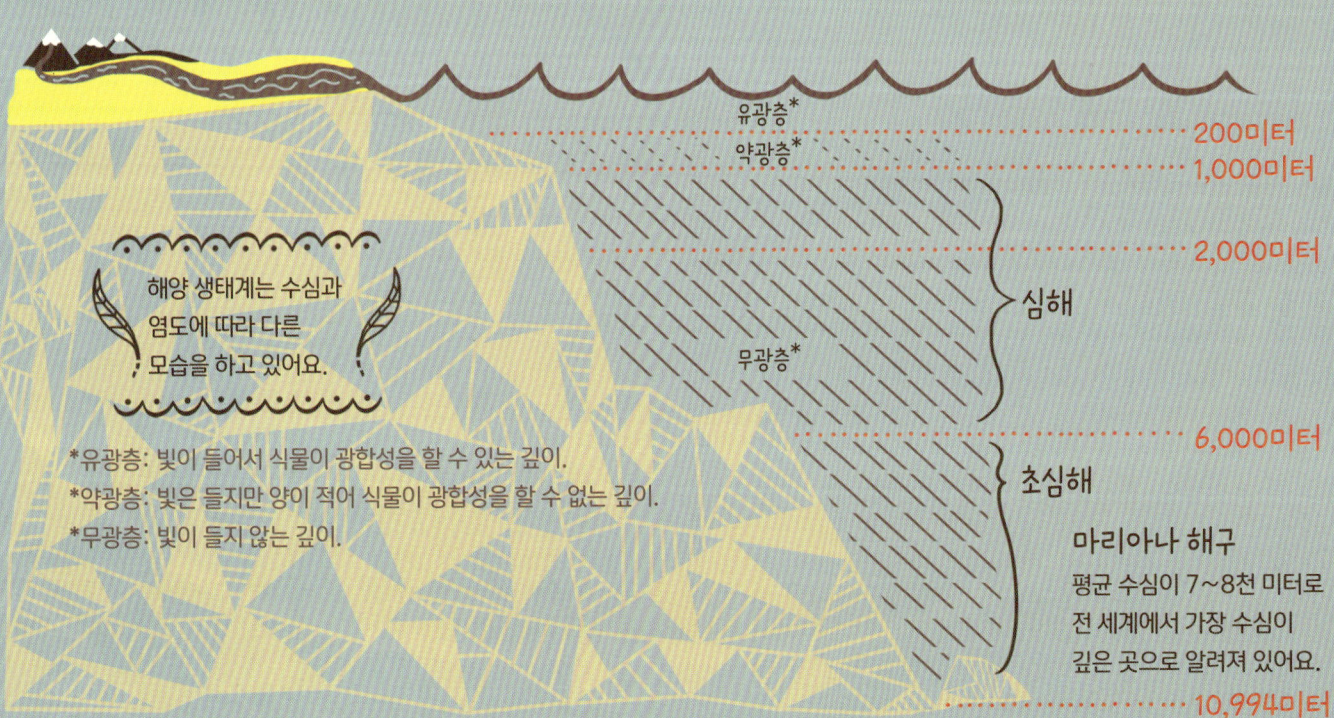

해양 생태계는 수심과 염도에 따라 다른 모습을 하고 있어요.

- 유광층* —— 200미터
- 약광층* —— 1,000미터
- —— 2,000미터
- 무광층* — 심해
- —— 6,000미터
- 초심해

마리아나 해구
평균 수심이 7~8천 미터로 전 세계에서 가장 수심이 깊은 곳으로 알려져 있어요.

—— 10,994미터

*유광층: 빛이 들어서 식물이 광합성을 할 수 있는 깊이.
*약광층: 빛은 들지만 양이 적어 식물이 광합성을 할 수 없는 깊이.
*무광층: 빛이 들지 않는 깊이.

수생 생태계

슬픈 영화를 보면서 울었던 적이 있나요? 더운 날, 목이 말라 시원하게 물 한 잔을 들이켠 적도 있겠지요? 인간을 비롯한 지구의 모든 동식물은 끊임없이 물을 마시고 배출하며 살아가요. 물은 우리 몸의 60퍼센트를 차지하지요. 생물이 처음 생겨난 곳도 물속, 그러니까 원시 바닷속이에요. 지구의 모든 생물은 지구 생태계를 순환하는 물에 의지해서 살아요. 물이 없을 것 같은 곳에서도 동물과 식물들은 드물게 내리는 비를 기다리거나, 지하수를 찾거나, 식물을 먹어 부족한 수분을 채워요. 해양 생물학자 실비아 얼은 이렇게 말했어요. "당신이 한 번도 바다를 보거나 만져 본 적이 없더라도, 당신이 숨 쉬는 공기, 당신이 마시는 물, 당신이 먹는 모든 것에 바다의 손길이 닿아 있습니다. 이 세상 그 누구라도 바다와 떼려야 뗄 수 없이 이어져 있고, 온전히 바다에 기대어 살아갑니다."

수생 생태계는 전 세계에서 가장 가치 있고 생산적인 자원이에요. 바다와 강, 호수에 사는 수많은 생물이 전 세계를 먹여 살려요. 이곳에 사는 작은 생물들은 먹이 사슬의 밑바탕이 되지요. 그렇다고 수생 생태계가 식량 창고 역할만 하는 건 아니에요. 수생 식물이 생산하는 산소가 지구 대기의 절반 이상을 차지하거든요. 그리고 바다에서 증발한 물은 비가 되어 내리지요. 세계에서 가장 건조한 곳에서조차 말이에요. 바다가 없다면 우리는 절대로 살아남지 못할 거예요.

바다와 강, 호수, 그 밖의 모든 수생 생태계는 무한한 자원처럼 보이지만 그렇지 않아요. 인구가 늘어나면서 사람들이 바다와 강, 호수를 마구 더럽히고 그곳에 사는 생물들을 함부로 잡아들이는 바람에 소중한 수생 생태계가 파괴되고 있어요. 지구의 모든 생명을 지탱하는 수생 생태계를 보존하기 위해 모두의 노력이 필요한 때예요.

들여다보아요
외해 생태계

옛날 사람들은 육지에서 멀리 떨어진 바다인 외해를 '푸른 사막'이라고 불렀어요. 외해는 지구 표면의 70퍼센트를 덮고 있지만, 전체 해양 생물의 10퍼센트밖에 살지 않아요. 죽은 해양 동식물은 해저로 가라앉은 다음 분해되기 때문에 외해에서 얻을 수 있는 영양분이 별로 없거든요. 하지만 외해의 해수면에서는 식물 플랑크톤이 열심히 광합성을 하면서 산소를 만들어 내고 있어요. 식물 플랑크톤은 바다 전체 먹이 사슬의 시작점이에요. 때때로 용승 현상(차가운 바닷물이 해수면으로 솟아오르는 현상)이나 폭풍우가 일어나면 바다 밑에 가라앉아 있던 영양분도 위로 올라와요. 그러면 해조류가 크게 번성하면서 해양 생물들이 먹이를 찾아 폭풍처럼 밀려들어요.

외해에서 살아가는 동물들은 강하고 빨라야 해요. 이들은 먹이와 번식지를 찾아 바다의 한쪽 끝에서 다른 쪽 끝까지 여행을 하지요. 고래, 돌고래, 바다거북 같은 힘센 수영 선수들은 해류를 타고 항해해요. 햇빛이 희미하게 드는 약광층에 사는 주행성 동물들은 낮이면 해조류나 죽은 동물을 먹으려고 수면 가까이로 올라와요. 밤이면 야행성 동물들이 먹잇감을 사냥하러 올라오고요. 약광층에 사는 포식자들은 보통 몸에서 빛을 내어 먹잇감을 유혹한답니다.

바다는 끝이 없어 보이지만 끝없이 쓸 수 있는 자원은 아니에요. 미래를 위해 바다를 보존하고 싶다면 책임감을 가지고 바다를 돌봐야 해요.

이렇게 이로워요

외해는 살아 뛰는 지구의 심장이에요. 짙푸른 바닷물은 지구로 쏟아지는 태양열의 절반 이상을 흡수해요. 증발한 바닷물은 육지에 비를 내려 전 세계에 민물을 공급하지요. 난류와 한류는 전 세계의 날씨와 기후를 조절해요. 그리고 식물 플랑크톤은 대기 중 산소의 절반 이상을 만들어 낸답니다.

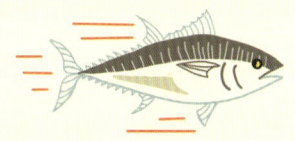

참다랑어는 스포츠카처럼 눈 깜짝할 사이에 속도를 올릴 수 있고, 최대 시속 75킬로미터로 헤엄칠 수 있어요.

외해에 사는 갑각류와 오징어는 몸이 투명해서 주변 환경에 맞춰 위장할 수 있어요.

태평양에는 한반도 면적의 일곱 배나 되는 쓰레기 섬이 있어요. 미국과 일본 사이에 흐르는 해류가 쓰레기를 한곳에 모아 둔 것으로 태평양 거대 쓰레기 지대라고도 부르지요. 이런 쓰레기 섬은 전 세계 바다에서 발견되고 있답니다.

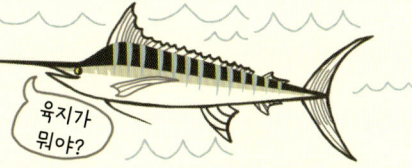

심해에 사는 동물들은 평생 육지를 볼 일이 거의 없어요.

이렇게 위협받고 있어요

유조선이나 유전에서 유출된 석유, 육지에서 흘러들어 간 살충제로 바다가 오염되면서 생태계가 파괴되고 있어요. 멕시코만과 발트해의 '죽음의 해역'처럼 말이지요. 해마다 15만 톤 가까이 버려지는 해양 쓰레기도 해양 동식물의 생존을 위협해요. 물고기를 마구 잡아들이는 것도 심각한 문제예요. 지금 우리는 바다가 감당할 수 있는 양보다 두 배나 많은 물고기를 잡아요. 그 바람에 전 세계 어장의 32퍼센트에 이르는 지역에서 물고기들이 사라지고 있어요. 더 늦기 전에 바다에도 보호 구역을 만들고, 폐기물을 잘 관리하고, 지속 가능한 어업 방식을 찾아야 해요.

들여다보아요
심해 생태계

바닷속으로 수천 미터를 내려가면 과학 소설에나 나올 법한 풍경이 펼쳐져요. 햇빛도 들지 않는 어둠 속에서 커다란 눈, 날카로운 이빨, 빛나는 몸을 가진 괴상한 생물들이 둥둥 떠다니지요. 보통 수심 2천 미터에서 4천 미터 사이를 '심해'라고 불러요. 6천 미터를 넘어가면 '초심해'라고 하지요. 수심이 깊어질수록 위에서 누르는 물의 무게가 늘어나면서 수압이 높아져요. 특별하게 설계한 심해 잠수정만이 이 엄청난 압력을 견딜 수 있지요. 그래서 심해는 세계에서 가장 탐구하기 힘든 장소랍니다.

거의 모든 먹이 사슬의 시작점이 되는 식물은 햇빛이 있어야만 광합성을 할 수 있어요. 그래서 햇빛이 닿지 않는 심해에는 생명이 없을 거라고 옛날 과학자들은 생각했어요. 하지만 잠수정으로 심해를 탐사하면서 이곳에도 생명이 가득하다는 사실을 알게 되었지요.

심해 생물들은 해저의 열수구(지구 내부의 열로 뜨거워진 물이 솟아오르는 곳)가 뿜어내는 광물과 에너지 덕분에 살아갈 수 있어요. 심해의 미생물은 화학 합성을 통해 물속의 광물을 에너지로 바꿔요. 또 심해의 어둠과 차가운 물, 높은 압력을 견딜 수 있게 진화했지요. 갈라파고스민고삐수염벌레(관벌레의 일종)와 석회관갯지렁이는 열수구의 미생물을 먹고 살아요. 그리고 장님게에게 잡아먹히지요. 심해에 사는 다른 별난 동물로는 생화석으로 불리는 주름상어, 몸에서 빛이 나는 바이퍼피시, 그리고 몸집에 비해 눈의 비율이 지나치게 큰 흡혈오징어 따위가 있어요. 꼬리민태와 단각류처럼 죽어서 심해에 가라앉은 동물을 먹고 분해하는 청소동물도 있어요. 지구의 깊은 바닷속에는 아직도 발견할 것이 많이 남아 있답니다.

이렇게 이로워요

심해는 지구에서 화산 폭발이 가장 많이 일어나는 곳이에요. 수천 미터 바닷속에 있는 해저 화산은 지구 내부의 열에너지를 전 세계에 퍼뜨려요. 그리고 하와이 같은 화산섬을 만들어 지구 표면의 모습을 바꿔 놓는답니다.

바닷속으로 10미터씩 내려갈 때마다 수압이 무게로 치면 1킬로그램씩 늘어나요. 그러니까 심해의 수압은 무게로 치면 최소 2백 킬로그램이 넘는다는 소리예요.

키다리게는 지구에서 가장 큰 절지동물이에요.

심해의 열수구는 하얀 솜털 같은 물질을 뿜어내요. 그 아래에 세균이 산다는 뜻이지요.

마리아나 해구는 세계에서 수심이 가장 깊은 곳이에요. 가장 깊은 곳은 자그마치 1만 미터가 넘어요.

8,848 미터

에베레스트산 높이보다 깊어요!

화산 활동이 계속된다는 것은 해저의 지형이 계속해서 달라진다는 뜻이에요.

이렇게 위협받고 있어요

해양 동식물의 남획과 파괴적인 어업 방식이 바다를 망치고, 심해에까지 영향을 미치고 있어요. 바다 밑바닥을 훑는 저인망 어업은

그물이 지나가는 모든 곳을 마구 짓밟아 놓아요. 산호초를 망가뜨리고, 먹지도 않을 물고기까지 마구 잡아들이지요. 하지만 심해에서 이루어지는 어업 활동을 규제하는 법이 없어서 남획이 기승을 부리고 있어요. 심지어 번식도 하지 못한 어린 물고기까지 마구 잡아들이고 있지요. 해양 자원을 이렇게 함부로 쓰다 보면 머지않아 더는 아무것도 얻지 못하게 될 수도 있어요.

들여다보아요
강 생태계

바다가 지구의 심장이라면 강은 동맥과 정맥이에요. 지구 상의 모든 생물에게는 민물이 꼭 필요하기 때문이지요. 강과 시내가 만든 거대한 그물망이 민물을 전 세계로 운반해요. 강은 빙하, 눈 덮인 산꼭대기, 고대의 지하 샘에 이르기까지 빗물이 모이는 다양한 장소에서 비롯돼요. 호수나 습지처럼 접근하기 쉬운 담수원에서 출발하기도 하고요. 이곳에서 흘러나온 물이 모여 움직이면 강이 되지요. 강은 서로 얽히고설키면서 지류(강의 본류에서 갈라져 나온 물줄기)를 형성해요.

인간은 강이 주는 천연자원을 활용하며 살아왔어요. 강물과 그 흐름을 이용하려고 강을 변형하기도 했지요. 댐과 운하를 짓고, 농지에 물을 대는 관개 시설을 만들면서 말이에요. 교통과 교역과 탐험의 수단으로 강을 이용하기도 했어요. 그래서 먼 옛날부터 지금까지 거의 모든 대도시가 강 근처에 있지요. 이집트 파라오들은 나일강 주변에서 문명을 일궜고, 중국의 명나라는 양쯔강 삼각주에서 번성했어요. 영국의 런던은 지금도 템스강을 식수원이자 물자를 실어 나르는 수로로 이용해요. 사람들이 이 세상에 발붙이고 살아갈 수 있는 것은 다 강 덕분이랍니다.

강은 겉으로 잔잔해 보여도 수면 아래로 거세고 빠른 물살이 흐를 때가 많아요.

미국의 미시시피강은 오늘날에도 여전히 수많은 화물선이 오가는 주요 수송 경로예요.

중국에서 가장 긴 강인 양쯔강 상류 쓰촨성에는 멸종 위기종인 대왕판다가 살고, 양쯔강 중하류에선 시베리아흰두루미가 겨울을 나요.

강에 사는 동물들은 대부분 민물에서만 살 수 있어요. 하지만 연어처럼 강에서 태어나지만 어른이 될 때까지 바다에서 살다가 다시 강으로 돌아와 알을 낳는 동물도 있답니다.

이렇게 이로워요

강은 생태계 전체에 신선한 물을 공급해요. 전 세계의 사람과 동물들은 강을 이용하며 살아가요. 사람들은 강물을 걸러 식수로 쓰고 강물을 끌어다 농작물을 키우지요. 강은 에너지원이 되기도 해요. 흐르는 강물의 운동 에너지를 전기 에너지로 바꾸는 것이 바로 수력 발전이지요. 그리고 강은 육지를 지나면서 여러 가지 영양분을 바다로 실어 나르기도 한답니다. 바다 생태계에도 양양분을 공급하는 것이지요.

이렇게 위협받고 있어요

홍수와 침식은 강 생태계에서 일어나는 건강하고 자연스러운 현상이에요. 하지만 무계획적으로 지은 건물들 때문에 생태계가 붕괴되면 홍수가 심각한 자연재해를 일으켜요. 오염과 남획도 강 생태계를 파괴하고, 주변의 지역 사회까지 황폐하게 만들어요. 나아가 오염된 강물과 지하수가 바다로 흘러들어가 지구의 '심장'을 파괴한답니다.

들여다보아요
호수 생태계

물은 지구 표면의 70퍼센트를 덮을 정도로 많지만, 대부분은 너무 짜서 마실 수가 없어요. 게다가 민물은 대개 얼어붙은 빙하나 땅속에 갇혀 있지요. 하지만 우리에겐 다행히도 호수가 있어요! 호수는 눈 덮인 산꼭대기부터 뜨겁고 메마른 사막까지 어느 대륙, 어느 기후에나 있어요. 심지어 혹독하게 추운 남극에도 보스토크호 같은 호수가 있지요. 비록 얼어 있긴 하지만요.

호수는 움푹 팬 분지 지형에 물이 차오르면서 생겨나요. 북아메리카의 오대호처럼 많은 호수가 빙하기가 끝날 무렵인 1만 8천 년쯤에 생겨났어요. 이때 대륙 빙하와 만년설이 녹기 시작했거든요. 대륙 빙하가 녹으면서 거대한 얼음덩어리가 극지방에서부터 천천히 미끄러져 내려와 전 세계의 분지와 분화구를 물로 가득 채웠어요. 어떤 호수는 화산 폭발이나 지진으로 우묵하게 팬 곳에 빗물이 고여 생기기도 했어요.

호수는 들어오고 나가는 것이 거의 없는 닫힌 생태계예요. 그래서 호수마다 아주 다른 특성을 지녔지요. 호수 생태계의 모습은 햇빛, 바람, 수온, 물의 화학적 특징이나 산도에 따라서 결정돼요. 호수에 사는 야생 동물은 각 호수의 특성에 맞게 살아남도록 진화했어요. 호수에서 생물이 잘 자라려면 질소와 인의 양이 균형을 이루어야 해요. 질소와 인이 부족하면 식물이 제대로 자라지 못해요. 하지만 질소와 인이 너무 많아도 문제가 생겨요. 조류가 걷잡을 수 없이 자라나 호수를 독차지하는 녹조 현상이 일어나서 다른 생물들이 쓸 빛과 산소가 부족해지거든요. 호수와 호수의 생물을 보전하려면 각각의 호수 생태계의 균형이 깨지지 않도록 잘 돌봐야 해요.

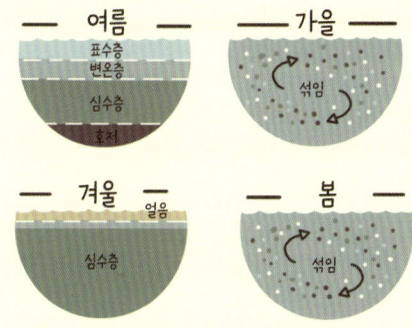

계절이 바뀔 때마다 호수의 물이 뒤섞여요. 차가워진 호수 표면의 물은 아래로 가라앉고, 밀도가 높은 호수 밑바닥의 물이 위로 올라오지요.

화산의 분화구에 물이 고여 생겨난 호수를 화구호라고 해요.

못과 호수를 구분하는 기준은 크기와 수심이에요. 호수가 못보다 훨씬 크고 수심이 깊어요. 그래서 호수에는 진흙에 뿌리를 내리고 사는 식물이 자랄 수 없어요.

호수는 완전히 닫혀 있을 수도 있고, 강의 수원이 될 수도 있어요. 완전히 닫힌 호수는 수천 년 동안 물이 증발하면서 바다보다 염도가 높아지기도 해요.

마른 호수의 바닥은 화석을 발견하기 좋은 곳이에요.

이렇게 이로워요

강처럼 호수도 우리에게 식수와 농업용수를 제공해요. 강이나 바다처럼 어부들이 물고기를 잡아 생계를 꾸려 가는 터전이 되기도 하지요. 커다란 호수에서 불어오는 차가운 바람은 기온 조절에도 도움이 돼요. 하지만 무엇보다도 중요한 것은 호수의 민물과 수생 식물에 전 세계의 수많은 사람과 동물이 기대어 살아간다는 사실이에요.

이렇게 위협받고 있어요

호수에서 죽은 동식물은 분해되어 호수 밑바닥에 가라앉아 퇴적물이 돼요. 이 퇴적물이 호수를 가득 채우면 늪이나 습지가 되지요. 그런데 인간이 아무렇게나 건물과 도로를 짓는 바람에 수천 년 동안 마르지 않던 호수의 물이 고작 수십 년 만에 바닥을 드러내고 있어요. 생활 하수나 공장 폐수, 비료가 호수로 흘러드는 것도 문제예요. 그러면 질소와 인의 양이 늘어나 녹조 현상이 계속되면서, 호수는 아무것도 살지 못하는 죽음의 물이 되고 말아요.

순환하는 자연

우주에 존재하는 모든 것은 물질로 이루어져 있어요. 물질을 구성하는 원자는 새로 생겨나거나 없어지지 않아요. 단지 다른 형태로 재배열될 뿐이지요. 다시 말해, 빅뱅 때 생겨난 원자가 여전히 우리 몸, 우리가 앉은 의자, 거리의 나무, 그 밖의 모든 것을 이루고 있다는 뜻이에요. 우리 몸을 이루는 주요 영양소와 분자는 모두 먹이 그물을 통해 이동해요. 하지만 먹이 그물은 우리 생태계에서 일어나는 여러 가지 순환의 한 예일 뿐이에요. 산소, 탄소, 질소, 인, 그리고 물이 끊임없이 우리 생태계를 순환하고 있어요. 생태계는 이러한 순환을 통해 물질을 변형하고 재사용하지요. 우리도 그 과정에서 음식과 물, 에너지를 얻어요. 또한 순환은 흙을 기름지게 만들고 기후를 조절해요. 하늘에서 내리는 비, 뼛속에 든 탄소, 발바닥에 묻은 흙에 이르기까지 모든 것이 돌고 돌면서 지구의 생명이 살아갈 수 있게 해 주지요.

산소나 탄소, 물은 순환을 멈추고 천연 저장고에 저장되기도 해요. 짧게는 하루에서 길게는 수백 년 넘는 시간 동안 말이에요. 이를테면 호수는 물의 단기 저장고예요. 더운 여름에는 호수의 물 분자(H_2O)가 증발해서 구름이 되고 비가 되어 다시 호수로 떨어지는 데 하루밖에 걸리지 않아요. 반면에 빙하는 장기 저장고예요. 물을 얼음의 형태로 수백 년 동안 저장하지요. 이렇게 저장된 자원을 너무 많이, 너무 빨리 사용하면 생태계에 좋지 못한 영향을 줘요. 우리는 물질 순환의 균형이 깨어지지 않도록 책임감을 가지고 다양한 자연 저장고를 올바르게 이용해야 해요.

탄소의 순환

 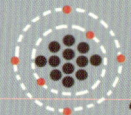 

우리가 아는 모든 생물은 탄소로 이루어져 있어요. 여러분의 몸, 여러분이 키우는 강아지, 길가의 풀, 땅속의 지렁이까지 모두 말이에요. 그것만이 아니에요. 우리가 숨 쉬는 공기, 세포 호흡(생물이 영양소를 분해해 에너지를 얻는 과정), 그리고 기후 조절까지 모두 탄소 순환에 달려 있어요. 탄소 순환은 주로 식물이나 조류 같은 생산자에 의해 이루어져요. 생산자는 광합성을 통해 이산화탄소와 물을 탄소 화합물인 포도당으로 바꾸어 저장해요. 이 과정에서 공기 중의 이산화탄소를 흡수하고 산소를 배출하지요. 식물과 조류가 저장한 포도당은 거의 모든 동식물의 에너지원이에요. 동물이 식물이나 조류를 먹으면 포도당 안에 든 탄소가 먹이 그물을 타고 여행을 시작하지요.

탄소는 먹이 그물을 거치며 한동안 동식물의 몸에 머물러 있어요. 일부는 날숨이나 똥 같은 노폐물이 되어 몸에서 빠져나가기도 하지요. 그러다 마침내 생물이 죽으면 분해자가 생물의 몸에 남아 있던 탄소를 이산화탄소로 바꾸어 공기 중에 돌려놓아요. 일부는 땅속에 남기도 하고, 일부는 강을 따라 바다로 흘러들어 가기도 하고요. 생물이 내보내는 노폐물도, 죽은 생물도 모두 먹이 그물의 일부예요. 세균과 곰팡이 같은 분해자의 손을 거치면 다시 탄소로 바뀌어 식물이나 조류의 영양분이 되지요.

탄소는 포도당을 만드는 데 없어서는 안 되는 물질이에요. 모든 생물은 세포 호흡이라는 복잡한 과정을 통해 포도당을 에너지로 바꿔요. 세포 호흡 과정에서 탄소의 일부는 이산화탄소가 되어 대기 중으로 흩어져요. 광합성이 에너지를 포도당으로 저장하는 과정이라면, 세포 호흡은 저장된 에너지를 사용하는 과정이에요. 광합성을 할 때는 이산화탄소를 사용하고 산소를 배출하지만, 세포 호흡을 할 때는 산소를 사용하고 이산화탄소를 배출해요.

이렇게 산소와 탄소의 순환은 우리가 숨을 쉴 수 있게 해 주고, 지구의 기온을 조절하고, 바다의 산도를 적절하게 유지하고, 흙을 기름지게 만들어요. 하지만 인간이 하는 어떤 활동은 탄소 순환의 균형을 깨뜨리곤 해요. 예를 들어 화석 연료를 너무 많이 사용하면 공기 중의 이산화탄소 양이 늘어나면서, 지구의 기온이 올라가고 생태계의 균형이 깨져요(112쪽 참고). 지구를 지키기 위해서는 무엇보다도 탄소 순환의 균형을 깨뜨리지 않으려는 노력이 필요하답니다.

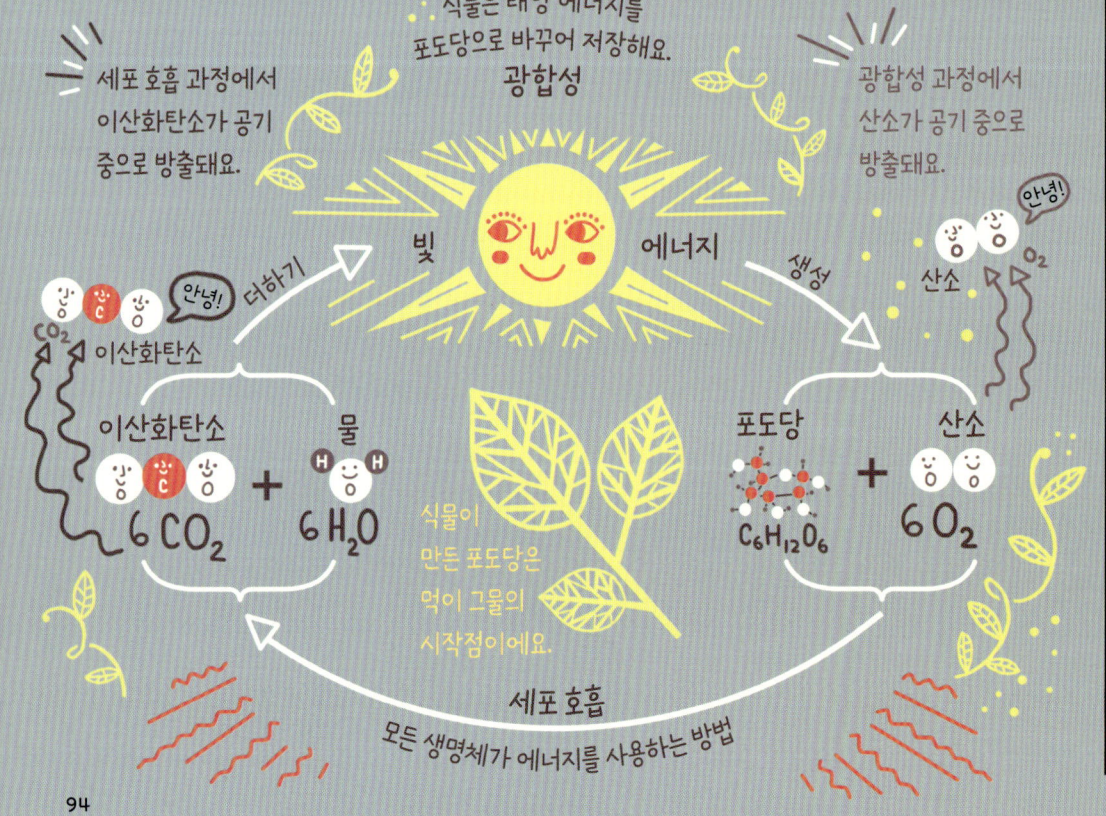

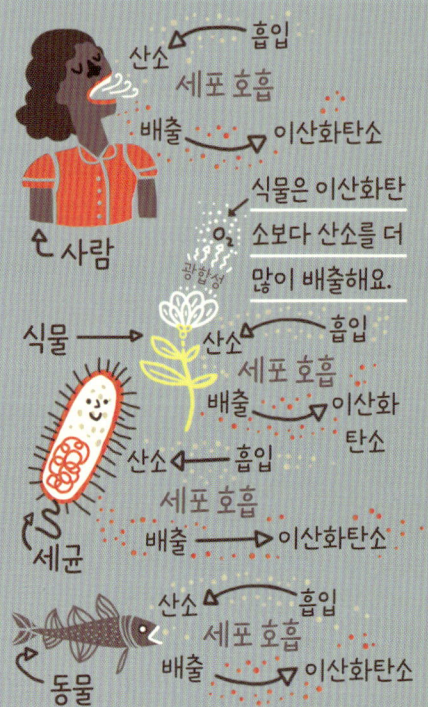

질소의 순환

질소는 대기의 78퍼센트를 차지해요. 그리고 생물의 유전 정보를 담고 있는 DNA를 구성하는 핵산과 생물의 몸을 구성하는 단백질의 주요 성분이기도 하지요. 대기는 질소로 가득하지만, 동식물이 이 질소를 직접 흡수하지는 못해요. 질소는 대개 질소 원자(N) 두 개가 서로 강하게 결합된 기체 형태로 존재하기 때문이지요. 다행히 몇몇 세균이 이 강력한 질소 기체 분자(N_2)를 '고정'시켜서 동물과 식물이 사용할 수 있게 만들어 줘요.

모든 생물에게는 '질소 고정'이라는 과정이 필요해요. 질소 기체를 식물이 흡수할 수 있는 화합물로 바꾸는 과정이지요. 질소 고정은 흙 속에 사는 미세한 세균, 물속에서 사는 몇몇 남조류, 콩과 식물의 뿌리 속에 사는 미생물에 의해 이루어져요. 미생물은 여러 변환 과정을 통해 질소 기체 분자를 질산염(NO_3^-)처럼 식물에게 적합한 분자로 바꿔 주지요. 하지만 벼과 식물들은 암모늄(NH_4^+) 형태의 질소 화합물을 더 잘 흡수해요.

일단 식물이 질소를 흡수하면 먹이 그물에 속한 나머지 생물들도 질소를 사용할 수 있어요. 1차 소비자가 식물을 먹고, 2차 소비자가 1차 소비자를 먹을 때 질소도 함께 이동하면서 이용돼요. 질소 화합물은 세균이 죽은 생물이나 배설물을 분해하면 다시 흙으로 돌아가지요. 식물은 이렇게 분해된 질소 화합물을 흡수해 재활용해요. 질소의 순환은 탈질소 세균(질산염 또는 아질산염을 질소 기체로 만드는 세균)이 질산염을 순수한 질소 기체(N_2)로 되돌려 놓을 때 완성돼요. 이 강력한 질소 분자는 순환이 다시 시작할 때까지 대기 중에 머무르죠.

질소 기체의 결합은 너무 강력해서 딱 한 가지 방법으로만 깰 수 있어요. 바로 번개죠! 번개의 에너지는 대기 중에 질소를 고정해서 식물이 사용할 수 있게 해 줘요. 하지만 인류는 번개 없이도 질소 기체의 결합을 깨는 방법을 알아냈어요. 그 방법을 이용해 만든 것이 식물의 성장을 돕는 화학 비료예요.

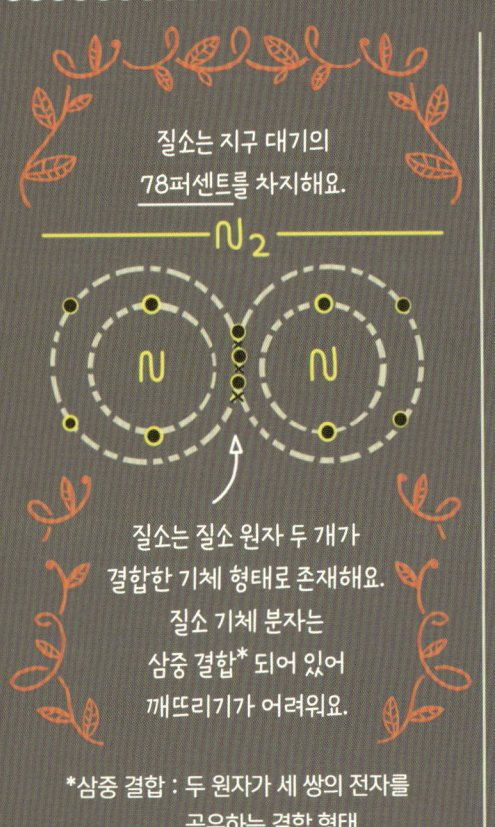

질소는 지구 대기의 78퍼센트를 차지해요.

N_2

질소는 질소 원자 두 개가 결합한 기체 형태로 존재해요. 질소 기체 분자는 삼중 결합* 되어 있어 깨뜨리기가 어려워요.

*삼중 결합 : 두 원자가 세 쌍의 전자를 공유하는 결합 형태.

공장과 자동차가 화석 연료를 태우거나 화산 폭발이 일어나면 대기 중의 질소량이 늘어나요. 그러면 공기 질이 나빠지고 산성비가 내려 물과 흙이 산성화돼요.

인의 순환

생물체가 DNA를 만들려면 질소뿐만 아니라 인이 필요해요.

인은 수백만 년에 걸쳐 동식물이 죽으면서 생겨난 퇴적암에 갇혀 있어요. 그러다 퇴적암이 지표면으로 올라와 바람과 물에 침식되거나 무기 영양 세균(물, 공기, 흙, 바위 같은 무기물을 산화하여 생명 활동에 필요한 에너지를 얻는 세균)에게 먹히는 과정에서 물속에 녹아들거나 흙에 스며들어요. 그런 다음 식물에 흡수되어 먹이 그물로 들어가게 되지요.

동물이 식물이나 다른 동물을 먹으면 인은 몸속에 들어가 DNA의 일부가 돼요. 그리고 동식물이 죽어서 세균이 그 몸을 분해하면 대부분 다시 흙으로 돌아가서 식물에 흡수되지요.

인 원자는 10만 년 넘게 먹이 그물을 순환하곤 해요. 때때로 죽은 동식물이 분해자가 없는 깊은 바닷속 구멍에 떨어져 오랜 시간에 걸쳐 높은 압력을 받으면 퇴적암으로 바뀌지요. 그러다 시간이 흘러 퇴적암이 지표면으로 올라오면 바람과 물에 침식되면서 다시 순환이 시작된답니다.

지나친 비료 사용
식물이 흡수하고 남은 질소와 인이 흘러나와요.
지나치게 많은 질소와 인의 영향

인과 질소는 지구의 모든 생물에게 꼭 필요하지만, 식물이 쉽게 흡수할 수 없어요. 그래서 사람들은 식물이 잘 자라도록 화학 비료를 사용해요. 화학 비료는 식물이 자라는 데 필요한 인, 질소, 칼륨 같은 물질로 만들어요. 화학 비료 덕분에 우리는 늘어나는 인구를 먹여 살릴 수 있었지요. 하지만 아무리 좋은 것도 지나치면 해가 될 수 있어요. 땅에 스며든 화학 비료는 물길을 따라 흘러들어 가 바다 생태계를 파괴해요. 생태계를 살리려면 화학 비료 사용을 줄여 흙이나 물이 더는 오염되지 않도록 해야 해요.

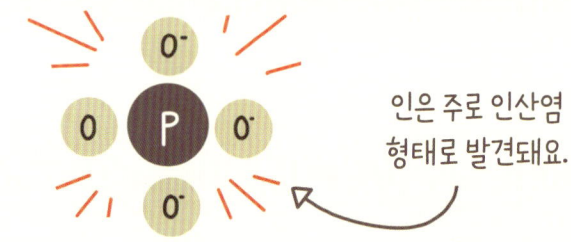

인은 주로 인산염 형태로 발견돼요.

인 원자가 순환을 마치려면 보통 10만 년이 걸려요.

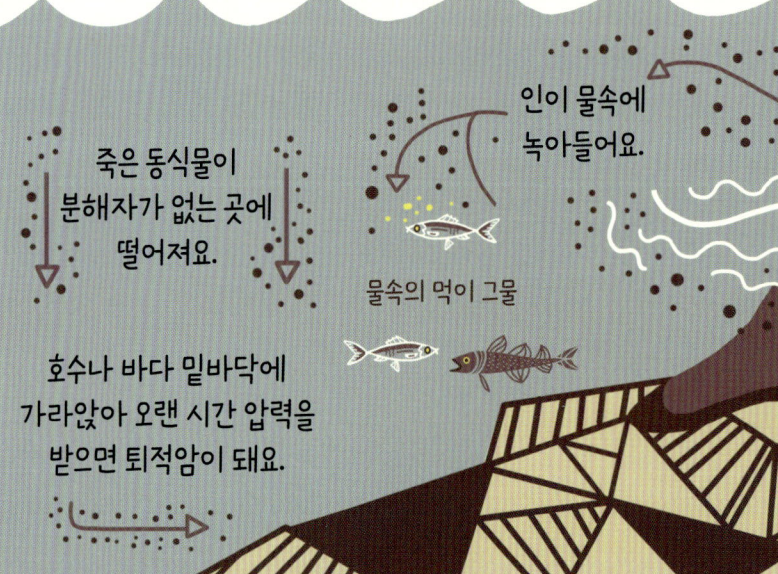

죽은 동식물이 분해자가 없는 곳에 떨어져요.
인이 물속에 녹아들어요.
물속의 먹이 그물
호수나 바다 밑바닥에 가라앉아 오랜 시간 압력을 받으면 퇴적암이 돼요.

물의 순환

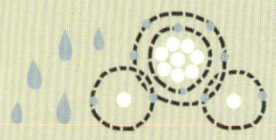 

시원한 물 한 잔을 마실 때도, 갑작스러운 소나기에 꼼짝 못 할 때도, 물은 우리 몸 안팎에서 순환하고 있어요. 지구의 70퍼센트는 물로 덮여 있고, 우리 몸도 60퍼센트쯤은 물로 이루어져 있지요. 물은 우리 주변에 늘 있는 것처럼 보이지만, 사실 마실 물은 부족해요.

우리는 전 세계를 순환하는 물에 의지해 살아가요. 거의 모든 물 분자가 결국 바다로 흘러들지만 바닷물은 마실 수가 없어요. 태양이 바다 표면을 달구면 물 분자가 공기 중으로 증발하면서 소금과 다른 무기질들을 남기기 때문이에요. 수증기, 그러니까 기체가 된 물은 응결해서 구름이 되지요. 이 푹신푹신한 민물 저장고는 전 세계를 떠다녀요. 그러다 너무 무거워지면 비나 눈, 우박이 되어 다시 땅으로 내려오지요. 드디어 동식물과 사람이 마실 물이 생겨나는 거예요!

어떤 물은 태양열을 받아 바로 증발하지만, 어떤 물은 산꼭대기에 빙하로 얼어붙어요. 또 어떤 물은 중력에 이끌려 땅속으로 가라앉기도 하지요. 땅속의 물은 동식물에게 쓰이거나 천천히 흘러 바다로 돌아가요. 산꼭대기의 빙하도 천천히 녹아서 시내와 강이 되어 바다로 흘러들지요. 시냇물과 강물, 지하수는 흙과 바위 속에 든 소금과 다른 무기질을 바다로 가져가요. 파도도 흙과 바위를 깎아 내며 무기질을 바다로 끌어 들이지요. 바닷물이 짠 것은 이렇게 흘러드는 무기질과 계속되는 물 분자의 증발, 파도에 의한 침식 때문이랍니다.

식물이 물을 빨아들이고 동물이 물을 마시는 것도 물이 순환하는 과정의 일부예요. 우리가 마신 물은 소변과 땀, 그리고 숨 쉴 때 나오는 수증기가 되어 몸에서 빠져나가지요. 식물이 빨아들인 물은 '증산 작용'을 통해 수증기가 되어 방출돼요.

어떤 지역에서는 언제 어디서나 쉽게 마실 물을 구할 수 있어요. 하지만 전 세계적으로 20억이 넘는 사람들이 늘 물 부족에 시달려요. 물 부족은 건조한 지역에서 식수를 생산하거나 수입할 경제력이 없을 때 주로 일어나요. 물에 둘러싸인 지역이라도 우물을 파거나 물을 정화할 기술이 없으면 물 부족에 시달리기도 하지요. 우리에게 남은 숙제는 물을 계속해서 쓸 수 있는 자원으로 남겨 두는 법, 전 세계가 공평하게 나눠 쓰는 법을 찾아내는 것이랍니다.

- 빙하
- 융해
- 증발
- 호수
- 지표수
- 지하수

식물

우리는 모두 식물에 의지해 살아가요. 식물은 태양에서 직접 에너지를 얻는 유일한 생물이거든요. 집채만 한 참나무든 쌀알만 한 좀개구리밥이든, 모든 식물은 햇빛을 이용해 이산화탄소와 물에서 포도당을 만들어 내는 광합성 작용을 해요. 그리고 포도당을 양분 삼아 성장하지요. 식물이 광합성을 하는 과정에서 배출하는 노폐물이 바로 산소예요. 그러니까 식물들이 우리가 숨 쉬는 데 꼭 필요한 산소를 자연스럽게 만들어 내고 있는 셈이지요.

햇빛과 물만 가지고 식량을 만드는 특별한 능력 때문에, 식물은 거의 모든 먹이 그물의 시작점이 돼요. 또한 흙에서 흡수한 중요한 영양소를 먹이 그물을 통해 순환시키는 역할도 하지요. 식물이 가진 에너지와 영양소는 우리가 식물, 또는 식물을 먹은 동물을 먹을 때 우리 몸으로 전해져요. 한편, 식물의 뿌리는 토양을 안정시키고, 침식을 막고, 침수로부터 해안선을 지켜 줘요. 우리가 사는 세상, 우리가 먹는 음식, 우리가 숨 쉬는 공기는 모두 식물 덕분에 존재한답니다!

씨앗의 발아 과정 :

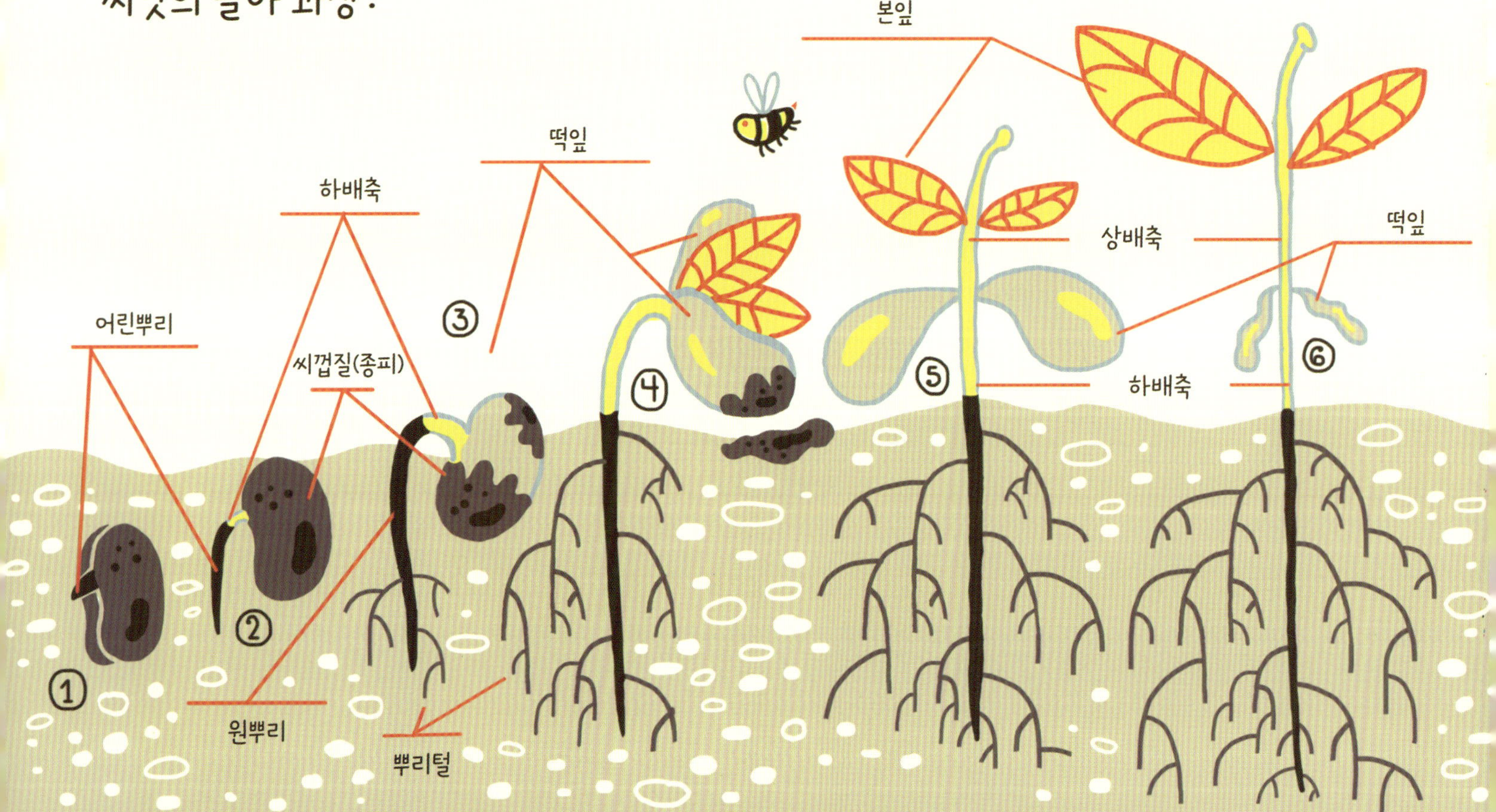

(그림 설명: ① 어린뿌리 ② 원뿌리, 씨껍질(종피) ③ 하배축, 떡잎, 뿌리털 ④ 떡잎 ⑤ 본잎, 상배축, 하배축 ⑥ 떡잎)

식물에게 필요한 다량 영양소:

| 6 C 탄소 12.011 | 1 H 수소 1.008 | 8 O 산소 15.999 | 7 N 질소 14.007 | 15 P 인 30.974 | 19 K 칼륨 39.098 | 16 S 황 32.065 | 20 Ca 칼슘 40.078 | 12 Mg 마그네슘 24.305 |

인간과 지구

인간은 지구에서 가장 놀라운 동물이에요. 먼 옛날에는 동굴에 살면서 끼니를 찾아 헤맸지만, 지금은 소파에 앉아 피자를 배달 시켜 먹기에 이르렀지요. 달 위를 걷고, 음속의 장벽을 깨고, 아주 복잡한 문제를 풀 수 있는 인공 지능도 만들었어요. 빠른 속도로 전 세계를 여행할 수 있고, 버튼 하나만 누르면 이 세상 누구와도 소통할 수 있지요. 인간은 끊임없이 늘어나는 인구를 먹여 살릴 식량과 주거지를 얻기 위해 지구의 풍경을 아주 많이 바꾸어 왔어요. 동굴에 살던 인류의 조상들은 오늘날 많은 사람들이 누리는 안전하고 편안한 환경과 놀라운 기술을 상상조차 하지 못했을 거예요.

하지만 인간이 일구어 낸 모든 것에도 불구하고 자연만이 줄 수 있는 것이 있어요. 태양열, 풍력, 수력, 조력은 오로지 자연에서만 얻을 수 있는 에너지예요. 탄소는 수억 년에 걸친 분해 과정 끝에 석탄과 석유, 천연가스 같은 화석 연료가 되어 자동차를 움직이고 집을 따뜻하게 하는 데 쓰여요. 생태계는 쓰레기와 죽은 생물을 분해하는 지구의 청소부가 되어 새로운 식물과 농작물이 자랄 수 있는 토양을 만들어요. 어떤 생태계는 홍수나 해안 침식 같은 자연재해를 막아 주지요. 생물 다양성이 높고 건강한 생태계는 자연재해가 일어나도 스스로 치유하고 회복할 수 있어요. 경제학자들은 지구 생태계의 가치를 연간 16만 9천 조가 넘는 것으로 평가해요. 그러나 숨 쉴 수 있는 공기, 깨끗한 물, 영양분이 풍부한 흙을 갖춘 지구는 돈으로 값을 매길 수 없을 만큼 소중해요. 우리는 도시와 농장을 건설하는 동시에 자연을 보전할 방법을 찾아야 해요. 자연이 앞으로도 우리를 위해 일해 줄 수 있도록 말이에요.

농장

문명의 발전 과정은 모두 식량과 연관되어 있어요. 선사 시대에 인류가 식량을 구할 방법은 스스로 먹을 것을 찾아 나서는 것밖에 없었어요. 인류의 조상은 먹을 수 있는 동물과 식물을 찾아서 끊임없이 떠돌아다녀야 했지요. 하지만 빙하기가 끝나고 언젠가부터 씨앗을 뿌려 식물을 기르기 시작했어요. 농사를 지으면서 남는 식량이 생겨났고, 덕분에 먹을 것을 찾아 헤매던 시간에 다른 일을 할 수 있었어요. 사람들은 농경지 주변에 뿌리를 내리고 살면서, 도구를 발명하고 기술을 발전시켰어요. 더 많은 농작물을 생산하기 위해 새로운 농사법도 개발했지요. 땅을 갈아엎어 농지를 만들고, 농지에 물을 끌어오고, 공동체에 이로운 동물과 식물을 골라서 교배했어요. 그렇게 인류는 지구의 경관을 바꾸어 갔지요. 그리고 마침내 도시와 문명이 생겨났어요.

오늘날 우리는 새로운 기술로 빠르게 늘어나는 인구가 먹을 식량을 마련할 수 있어요. 땅을 파고, 씨앗을 심고, 작물을 거두는 일도 기계가 대신해요. 농작물은 품종이 개량되어 가뭄이나 해충에도 잘 견딜 수 있어요. 화학 비료는 토양의 생산성을 높여 줘요. 작물은 어디에서나 자라고 세계 곳곳으로 운반돼요. 그래서 지금 우리가 미국의 밀과 이탈리아의 치즈로 만든 피자를 먹을 수 있는 거예요. 그러나 이 모든 먹을거리는 우리가 가진 제한된 천연자원으로 만들어진다는 사실을 반드시 기억해야 해요.

지속 가능한 농업이란 늘어나는 인구를 충분히 먹여 살리면서도 미래 세대를 위해 건강한 환경을 유지할 수 있는 농업을 말해요. 땅을 황폐하게 만들고, 물을 지나치게 사용하고, 농기계를 움직이려고 화석 연료를 끊임없이 태우는 일은 우리가 앞으로 극복해 나가야 할 문제랍니다.

생물 다양성은 자연뿐만 아니라 농장에서도 중요해요. 넓은 밭에 한 가지 식물만 심으면 수익률이 높아지고 관리하기도 쉽지만, 그러다 보면 땅이 황폐해지기 쉽고 화학 비료에만 의존하게 돼요. 비료를 너무 많이 뿌리면 화학 물질이 지하수로 흘러들어 결국 바다까지 오염되지요. 또 한 가지 작물만 키우면 날씨 변화에 취약해질 수밖에 없어요. 질병이나 해충 피해를 입기도 쉬워져서 살충제도 더 많이 뿌려야 하지요.

하지만 다양한 동식물을 키우면 건강한 생태계가 지니는 이점을 그대로 누릴 수 있어요. 식물마다 흙에서 흡수하는 화합물과 흙에 되돌려 주는 영양분이 달라요. 그래서 같은 땅에 여러 식물을 돌려 심으면 큰 힘을 들이지 않고도 흙을 기름지게 만들 수 있어요. 또 클로버 같은 피복 작물(거름이 씻겨 내려가거나 흙이 침식되는 것을 막으려고 심는 작물)을 심고, 동물의 대소변과 식물을 섞어 만든 퇴비를 쓰면 화학 비료 사용을 줄일 수 있지요. 심지어 어떤 식물은 병충해를 물리치기도 해요. 생물 다양성은 물 절약에도 도움이 돼요. 건조한 환경에서도 잘 자라는 식물을 심으면 물 저장량을 늘릴 수 있고 가뭄에도 잘 대처할 수 있거든요. 각 지역에 자생하는 식물은 그 지역의 흙을 기름지고 촉촉하게 유지하는 특성이 있어요. 그러니 토종 식물을 기르면 지속 가능한 농업에 큰 도움이 된답니다.

작물을 재배하는 농기계나 수확한 작물을 전 세계로 운반하는 교통수단을 이용하려면 화석 연료가 필요해요. 다시 말해 밭에서 기른 당근 하나도 탄소 발자국(사람이 활동하거나 물건을 생산·유통할 때 생겨나는 이산화탄소의 총량)을 남긴다는 뜻이지요. 석유 매장량은 언젠가 바닥이 나겠지만, 사람들은 계속 식량이 필요할 거예요. 도시에 사는 사람들이 늘어나면서 식량을 생산하는 일 못지않게 식량을 필요한 곳에 전달하는 일이 중요해졌어요. 따라서 석유 값이 올라가면 식품의 가격도 올라갈 수밖에 없어요. 그러면 농경지나 대형 식료품점이 주변에 없는 도시의 가난한 지역은 '식량 사막'이 될 수밖에 없지요. 지금도 미국을 비롯한 전 세계 여러 곳에서 식량 사막이 생겨나고 있어요. 식량 사막에 사는 사람들은 신선한 과일과 채소를 구하기 어려워요. 전 세계 사람들이 굶주리지 않게 하려면 화석 연료를 태우지 않고도 기계를 움직일 수 있는 대체 에너지 기술이 필요해요. 새로운 기술과 생태학 지식을 결합하면 계속 늘어나는 인구를 먹여 살리면서도 미래 세대를 위해 지구를 보존할 방법을 찾을 수 있을 거예요.

도시

지구에 사는 모든 생명체에게는 서식지가 있어요. 물론 인간도 마찬가지예요. 우리 조상들은 혹독한 날씨와 맹수를 피해 동굴에서 살았어요. 그러나 인간이 진화하고 문명이 발전하면서, 우리가 사는 집도 변해 왔어요. 텐트든, 오두막이든, 주택이든, 아파트든 간에 인간이 지은 모든 구조물은 비바람을 막아 주고 편안한 생활을 할 수 있게 해 줘요. 지금까지 인류는 서식지를 안락하게 만들기 위해 지구의 많은 부분에 손을 대고 바꾸어 왔어요.

도시의 크기와 형태는 다양해요. 도시의 모습은 사람들이 어떻게 살아가고 있느냐에 따라 달라지지요. 콘크리트 정글보다는 시골 마을에 가까운 도시도 있어요. 오늘날에는 지구 전체 인구의 절반 이상이 도시에 살아요. 이 많은 사람들이 살아가려면 전력과 통신선, 상수도와 하수도 같은 기반 시설이 필요해요. 도시의 하늘과 땅속, 바다 밑에는 전기와 인터넷을 연결하는 전선과 통신선이 지나가요. 대도시는 사람과 물자가 쉽게 이동할 수 있도록 거의 모든 도로가 포장되어 있고 전철이 다녀요. 하지만 이런 기반 시설이 없는 미개발 지역에도 도시는 있어요.

오늘날 도시는 사람과 동물이 함께 살기 어려운 공간이에요. 하지만 여전히 우리 주위에서 살아가는 야생 동물이 있어요. 도시에서도 쓰레기통을 뒤지는 비둘기나 쥐, 너구리를 심심찮게 볼 수 있지요. 이런 독특한 도시 생태계를 기발하게 이용하는 동물도 있어요. 높은 절벽에 둥지를 틀도록 진화한 매는 도시의 고층 건물 위에 둥지를 틀어요. 인도에 사는 레서스원숭이는 도심의 시장 한복판에서 먹이를 구하곤 하지요. 프랑스 남부의 알비에서는 연못 바닥에 사는 메기가 물 밖으로 튀어나와 비둘기를 잡아먹어요.

인구가 늘어나면 도시도 함께 늘어나요. 도시의 도로, 울타리, 담장은 야생 동물의 이동을 막고 빛 공해는 동식물의 생장과 번식을 방해해요. 콘크리트로 뒤덮인 땅과 건물이 늘어날수록 야생 동물의 서식지는 줄어들 수밖에 없어요. 전 세계적으로 도시가 계속 늘어나고 커지면서 10년마다 영국 넓이만 한 야생 동식물의 서식지가 사라지고 있다고 해요.

하지만 자연 생태계를 파괴하지 않고도 도시를 건설할 방법은 있어요. 몇몇 도시는 도시 계획에 식물을 심고 가꾸는 일을 포함하기 시작했어요. 2015년, 싱가포르에서는 수직으로 매달린 거대한 정원인 '슈퍼 트리'를 만들었어요. 슈퍼 트리는 식물이 타고 올라가며 자랄 수 있게 만들어진 50미터짜리 강철 구조물이에요. 진짜 나무처럼 태양열과 빗물을 저장하고 자연스럽게 도심의 열기를 식혀 주지요. 또 아프리카, 북아메리카, 유럽 일부 지역에서는 야생 동물들이 안전하게 길을 건널 수 있도록 고속 도로 아래에 생태 통로를 만들었어요.

재생 가능한 에너지 사용에 앞장서는 도시도 있어요. 2013년, 스웨덴의 말뫼는 유럽 최초로 '탄소 중립 도시'가 되었어요. 이 도시에서는 오로지 풍력 에너지, 태양열 에너지, 바이오 에너지(동물, 식물, 미생물, 농업 및 축산업 폐기물을 활용해서 얻는 에너지) 같은 신재생 에너지만 사용해요. 자동차와 버스는 휘발유 대신 음식물 쓰레기로 만든 전기와 바이오 연료로 달리지요. 2015년, 버몬트주의 벌링턴시는 미국 최초로 재생 에너지만으로 전력을 공급하는 도시가 되었어요. 그 뒤로 40개가 넘는 미국의 도시들이 2050년까지 깨끗한 재생 에너지로 전기를 공급하는 환경을 만들겠다고 약속했어요.

우리는 책임감을 가지고 도시를 건설해야 해요. 우리의 선택이 자연에 영향을 미치기 때문이지요. 올바른 도시 계획으로 야생 동식물 서식지를 보존하고 도시가 자연에 미치는 해로운 영향을 줄여 가야 해요.

인간이 자연에 미치는 영향

개발과 발전은 인류의 생존에 도움이 돼요. 하지만 그것이 자연에 미치는 영향을 늘 생각해야 해요. 인간의 활동이 환경에 미치는 영향을 제대로 이해한다면, 지속 가능한 방식으로 건설을 하고 농사를 지을 수 있어요.

산림 파괴

사람들은 목재뿐 아니라 농장, 목장, 건물을 지을 땅을 얻으려고 숲을 파괴해 왔어요. 그 바람에 수많은 야생 동물들이 서식지를 잃었어요. 그뿐만 아니라 비가 많이 오면 큰 물난리로 이어지곤 해요. 숲이 흡수하지 못한 빗물은 땅을 깎아 내고 강과 바다를 오염시켜요. 과학자들에 따르면 공기 중에 떠도는 온실가스 중에는 숲이 빠른 속도로 파괴되면서 공기를 걸러 줄 나무가 부족해서 생겨난 것이 15퍼센트나 된다고 해요. 그것만이 아니에요. 큰 숲을 개간하면 그 지역의 강수량과 날씨가 달라져서 지역 사회에 예상치 못했던 피해를 입힐 수도 있어요.

침입종

우리가 식량으로 삼는 많은 농작물과 가축이 세계의 다른 지역에서 왔어요. 이런 생물을 침입종이라고 하는데, 침입종은 토종 생태계를 해칠 수 있어요.

어떤 목적을 가지고 들여온 침입종이 생각지도 못한 피해를 입히는 일도 많아요. 예를 들어 여러분의 이웃이 비단뱀을 좋아해 집에서 키운다고 생각해 봐요. 이 뱀이 탈출하면 주변 야생 동물에게 큰 피해를 줄 수 있어요. 실제로 미국 남부에서는 정원에 심으려고 들여온 칡이 눈 깜짝할 사이에 퍼져 나가 다른 식물들을 말려 죽이고 건물을 뒤덮는 잡초가 되기도 했어요. 지중해 초파리는 과일에 알을 낳는 곤충인데, 지중해산 농산물이 수출되면서 함께 퍼져 나가 전 세계 농작물을 위협하는 해충이 되었어요.

한 지역의 동식물들은 보통 자기들끼리 경쟁하도록 진화했기 때문에 새로운 종이 들어오면 쉽게 토착종을 제치고 자원을 독점해 지역 생태계를 파괴할 수 있어요. 실제로 미국 오대호는 침입종인 얼룩말홍합 때문에 생태계 전체가 위협받고 있어요.

> 넌 새로 이사 온 친구니?

남획

남획은 자원이 만들어지는 것보다 빠른 속도로 소비하는 것을 말해요. 지나친 고기잡이, 사냥, 방목은 생태계에 큰 부담을 줘요. 실제로 여행비둘기 같은 몇몇 동물은 너무 많이 사냥당한 나머지 멸종되기도 했어요. 지금도 세계 곳곳에서 수많은 해양 생물들이 번식할 기회도 갖지 못한 채 마구잡이로 잡히고 있어요. 심지어 사람에게 필요 없는 해양 생물까지 함께 그물에 걸려 죽임을 당하고 있지요. 가축과 가축을 먹일 사료 작물을 기르느라 땅을 함부로 쓰는 것도 문제예요. 풀이 사라지면 땅이 빠르게 침식되기 마련이지요. 한 가지 작물만 대규모로 재배하는 단일 경작은 땅을 지치게 만들고 영양분을 고갈시켜요. 그러면 식물이 자라기 힘들어지는 것은 물론이고 결국엔 땅도 죽어 버려요. 지구 상의 수많은 인구를 먹여 살리려면 대규모 농업이나 어업, 축산업이 필요하지만, 천연자원이 고갈되지 않게 잘 사용하는 방식을 찾아야 해요.

사막화

가뭄과 기온 상승은 산림 파괴, 지나친 방목, 단일 경작 같은 문제와 결합해 사막화를 일으킬 수 있어요. 사막화는 기름졌던 땅이 건조하고 영양분이 부족하고 먼지 폭풍이 자주 일어나 아무것도 자랄 수 없는 땅으로 변하는 거예요. 1930년대 미국에서는 올바르지 못한 농사법과 지나친 방목으로 '황진'이라는 심한 모래 폭풍이 일어나면서 사막화를 겪었어요. 적합한 농작물을 심고 돌려짓기를 하고 운 좋게 비가 많이 내려 주면 땅은 다시 건강을 되찾을 수 있어요. 하지만 아무런 노력도 하지 않는다면 사막은 점점 더 넓어질 거예요. 이를테면 몽골의 고비 사막은 주변 지역의 지나친 방목과 산림 파괴로 해마다 3천 5백 제곱킬로미터씩 넓어지고 있어요. 지구 온난화 또한 사막화를 부채질하고 있답니다.

환경 오염

'환경 오염'이라고 하면 쓰레기를 함부로 버리는 모습부터 떠올리는 친구들이 많을 거예요. 하지만 그보다 더 심각한 것은 화학 물질에 의한 환경 오염이에요. 자연적으로 생겨난 것이든 사람이 합성한 것이든 화학 물질을 지나치게 많이 사용하거나 잘못된 방식으로 폐기하면 생태계에 아주 큰 피해를 줄 수 있어요.

먹이 사슬의 상위 포식자일수록 더 많은 오염 물질을 먹게 돼요.

유독한 화학 물질이 생태계에 흘러들어 오면 사람에게도 몹시 해로워요. 예를 들어 석탄을 채굴하거나 태우면서 해마다 몇 톤에 이르는 수은이 공기 중으로 방출돼요. 수은은 사람의 신경과 콩팥에 손상을 일으킬 수 있어요. 그리고 플라스틱이나 약을 함부로 버리면 그 안에 들어 있는 화학 물질이 물을 오염시키고 수생 생물의 몸을 거쳐 사람의 몸에 들어와 호르몬에 영향을 줘요.

빛과 소음도 야생 동물에게 나쁜 영향을 미쳐요. 그 영향은 바다거북을 보면 잘 알 수 있어요. 수천 년 동안 새끼 바다거북들은 바닷가에서 부화한 뒤 달빛을 보고 바다로 나아갔어요. 그런데 이제는 바닷가 마을에서 새어 나오는 환한 빛에 이끌린 새끼 거북들이 바다로 가지 못하고 죽음을 맞아요. 최근 들어 바다거북이 부화하는 철이면 일부러 불을 끄는 마을도 많지만, 그렇지 않은 곳에서는 한 세대에 해당하는 거북이 모두 사라지기도 해요.

소음도 동물을 혼란스럽게 해요. 시끄러운 소리가 암수의 짝짓기를 방해하지요. 심지어 바다에서는 잠수함 음파 탐지기가 고래의 청력을 망가뜨려 길을 잃게 만드는 일도 있어요.

기후 변화

지구의 기후는 지난 45억 년 동안 아주 많이 변했어요. 인간이 존재하기 전에도 지구의 공전 궤도가 바뀌면서 적어도 다섯 번의 빙하기와 간빙기를 겪었지요. 1만 년 전쯤 마지막 빙하기가 끝난 뒤로, 지구는 인간이 살아가기에 적합한 기후를 유지해 왔어요. 하지만 이제 새로운 형태의 기후 변화가 인류를 위협하고 있어요. 오늘날 기후 변화의 원인은 지구의 공전 궤도 변화가 아니라 인간의 활동이에요. 사람들이 화석 연료를 지나치게 사용하면서 온난화가 시작되었고, 우리의 보금자리인 이 행성을 황폐하게 만들고 있어요.

산업 혁명 이후 인류는 놀라운 기술 발전을 이루었지만, 그러면서 에너지 사용량도 엄청나게 늘어났어요. 오늘날, 인류가 사용하는 주요 에너지원은 석탄, 석유, 천연가스 같은 화석 연료예요. 화석 연료를 태우면 이산화탄소를 비롯한 여러 온실가스가 배출돼요. 이산화탄소의 주성분인 탄소는 생태계 안에서 자연스럽게 순환하다가 숲이나 지하의 암석 같은 다양한 천연 저장고에 저장돼요. 그러나 지금 우리는 천연 저장고가 저장할 수 있는 것보다 훨씬 많은 양의 이산화탄소를 빠른 속도로 배출하고 있어요. 그러면 이산화탄소가 대기와 바다에 쌓일 수밖에 없어요. 이산화탄소를 비롯한 온실가스는 지구를 감싸고 태양열이 우주로 빠져나가지 못하게 가두는 단열 효과를 일으켜요. 그러면서 지구의 기온이 높아지지요.

과학자들은 빙하, 화석, 퇴적암, 나무의 나이테를 통해 과거 지구의 기후를 조사해요. 지구 둘레를 도는 인공위성과 정밀한 과학 기구로는 최근의 기후 변화를 측정하지요. 그 결과에 따르면 지구의 온도는 지난 1백 년 동안 1도 가량 상승했는데, 그 대부분이 지난 몇십 년 동안 일어났다고 해요. 일교차를 측정할 때는 1도 차이가 별일이 아닐 수 있지만, 오랜 시간에 걸친 기후 변화를 측정할 때는 그렇지가 않아요. 육지의 30퍼센트가 두꺼운 얼음으로 덮여 있던 마지막 빙하기와 오늘날의 평균 기온 차이는 4도 미만이에요. 그런데도 과학자들이 최근 몇 년 동안 기후 변화를 측정했더니 여름이 더 길고 뜨거워졌다고 해요. 해마다 한파주의보가 내리는 날이 줄고, 폭염주의보가 내리는 날이 늘고 있어요. 지난 10년 동안, 우리는 인류 역사상 가장 더운 몇 해를 보냈어요.

많은 과학자들이 지구 온난화가 인간의 활동과 화석 연료 때문에 일어난다는 사실을 인정해요. 그리고 지구의 온도가 계속 빠른 속도로 높아진다면 다음 세기에는 더욱 심각한 자연재해가 더 자주 발생하고, 지구의 많은 지역이 사람이 살기 힘든 곳으로 변할 거라고 해요. 그러나 희망은 있어요. 만약 인류 전체가 온실가스를 줄이기 위해 함께 노력한다면 기온이 상승하는 속도를 늦추고, 지구 온난화의 부정적인 영향을 막아 낼 수 있어요. 우리가 지구의 자원을 사용하는 방법을 바꾼다면 변화하는 기후에 생물들이 적응할 시간을 벌어 줄 수 있어요.

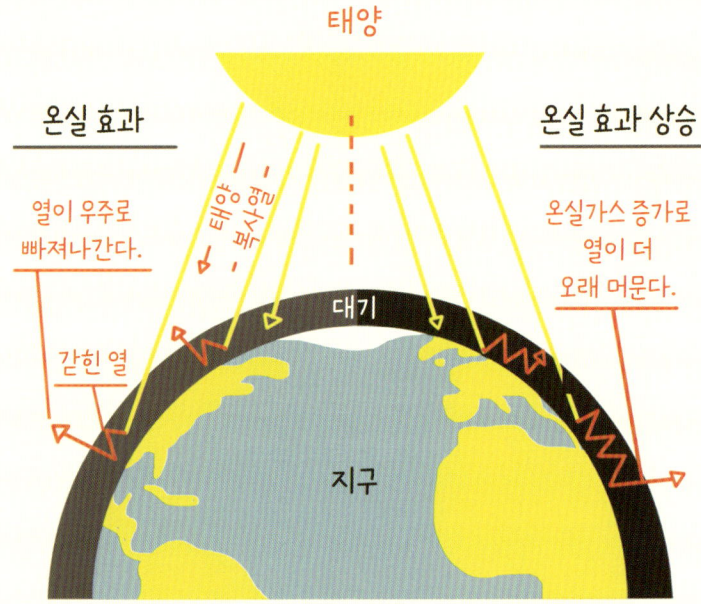

온실 효과와 지구 온난화

대기 중의 온실가스는 태양열을 가두어 지구를 데워요.
온실가스가 너무 많이 늘어나면 지구의 기온이 빠른 속도로 올라가요.

대표적인 온실가스로는 이산화탄소(CO_2), 메탄(CH_4), 아산화질소(N_2O), 수소불화탄소(HFC), 과불화탄소(PFCs), 육불화황(SF_6)이 있어요.

지구 온난화가 불러온 일들

해수면 상승

빙하와 해빙이 녹아서 많은 물이 바다로 흘러들어 오고 있어요. 지난 20년 동안 해수면은 해마다 3밀리미터씩 높아졌어요. '고작 3밀리미터'라고 생각할 수도 있겠지요. 하지만 전 세계의 해수면이 3밀리미터 높아졌다는 것은 엄청나게 많은 물이 바다로 흘러들어 왔다는 소리예요. 바다는 엄청나게 넓으니까요. 해수면이 높아지면서 이미 세계 곳곳에서 해안 침식과 침수, 폭풍이 일어나고 있어요. 만약 해수면이 이대로 계속 높아진다면 저지대 해안 도시는 완전히 물에 잠겨 사라질 수도 있어요.

바다의 산성화

남아도는 이산화탄소는 바닷물에 녹아들거나 대기 중에 머물러요. 그러다 보면 바닷물이 산성화될 수밖에 없어요. 지난 2백 년 동안 바다의 산성도는 30퍼센트나 올라갔어요. 지난 5천만 년 사이에 가장 빠른 속도로 산성화된 셈이지요. 산호초를 포함한 해양 동물들은 이런 빠른 변화에 적응하지 못해 사라지고 말 거예요.

기상 이변

기온이 올라갈수록 바다에서 더 많은 물이 증발하면서 더 강한 폭풍우가 일어나요. 바다가 따뜻할수록 태풍의 크기는 더 커지고, 더 멀리까지 이동하지요. 한편 기온이 올라가면 건조한 지역은 더욱 메말라 심한 가뭄과 대형 산불에 시달리게 돼요.

녹아내리는 빙하

지구 온난화로 극지방의 빙하와 주변의 영구 동토층이 녹고 있어요. 그 바람에 빙하가 우주로 반사하는 태양열이 줄어들어 지구가 더 더워지고 있지요. 빙하와 해빙이 녹으면서 해수면이 높아지는 것도 큰 문제예요.

멸종

동식물들이 빠른 속도로 변하는 환경에 적응해 살아남는 것은 쉽지 않은 일이에요. 지금 지구 온난화로 가장 큰 피해를 입고 있는 것은 추운 곳에 사는 동물들이에요. 서식지가 점점 줄어드는 바람에 살 곳을 찾아 계속 이동해야 하거든요. 해빙 위에서 살아가는 북극곰은 머잖아 서식지를 완전히 잃어버릴지도 몰라요. 사막도 점점 더 뜨거워져서 생명이 발붙이기 힘든 곳으로 변해 가고 있어요. 먼지 폭풍이 더 잦아지고 물이 더 빨리 증발되면서, 동물들이 사막의 경계까지 밀려났어요. 지금도 전 세계의 수많은 동물들이 지구 온난화 때문에 보금자리를 떠나고 있답니다.

지구를 지켜요

우리가 사는 세계를 제대로 보고 이해하는 것이야말로 이 세계를 지키는 첫걸음이에요. 이 책에서 우리는 전 세계의 생태계에 대해 알아보고, 각각의 생태계가 왜 중요한지, 어떤 위험에 처해 있는지를 배웠어요. 또 산과 강과 바다가 어떻게 이어져 있는지, 숲이 왜 대기에 중요한지, 저 먼 극지방에 있는 만년설과 빙하가 어떻게 지구를 시원하게 만드는지도 배웠지요. 자연과 자연에 사는 야생 동식물은 우리에게 무엇과도 바꿀 수 없는 것들을 줘요. 지구를 새로운 눈으로 보게 된다면, 누구나 지구를 보호하려는 노력을 시작할 거예요. 환경 운동가이자 동물학자인 제인 구달은 이렇게 말했어요. "이해해야만 관심을 가질 수 있고, 관심을 가져야만 도울 수 있고, 도와야지만 모두를 구할 수 있습니다." 우리가 자연을 보존하기 위해 할 수 있는 일은 많아요. 여러분에게 지구를 지킬 힘이 있다는 걸 절대 잊지 마세요!

교육
생태계를 보호하려면 생태계가 어떻게 돌아가는지 알아야 해요. 여러분이 배운 것을 다른 사람들에게 알려 주세요.

▶▶▶▶▶ 자원봉사 ◀◀◀◀
환경 단체는 여러분의 도움이 필요해요.

나무 심기
나무와 숲은 온실가스를 흡수하고 산소를 배출해요.

▶▶▶▶ 재활용과 재사용 ◀◀◀◀
물건이 망가졌다고 버리지 말아요. 고쳐서 쓰거나 달리 활용할 방법을 찾아 봐요.

탄소 발자국 줄이기
일상생활에서 화석 연료를 덜 써요. 전기를 아끼고, 대중교통을 이용하고, 플라스틱 사용을 줄여요.

대체 에너지
온실가스 배출을 줄이려면 화석 연료가 아닌 다른 종류의 에너지를 사용해야 해요.

···· 제로 웨이스트 운동 ····
환경 보호를 위해 쓰레기 배출을 줄이는 생활 방식이에요. 일회용품을 덜 쓰고, 꼭 필요한 물건만 사서 오래 쓰고, 분리 배출과 재활용만 잘해도 지구에 큰 보탬이 돼요.

지속 가능한 농업

끊임없이 늘어나는 전 세계 인구를 먹이려면 대규모 농업이 필요해요. 하지만 생태학, 생물학, 경제학 지식을 잘 활용하면 지구의 건강을 해치지 않으면서도 생산적인 농사를 지을 수 있어요.

야생 동식물 보호

소중한 생태계를 보전하려면 야생 동식물 보호 구역이 필요해요.

친환경적인 생산과 소비

우리 생활에 쓰이는 많은 물건이 자꾸 새것을 찾도록 만들어져요. 그건 귀중한 자원을 낭비하는 일이에요. 생산자는 오래 쓸 수 있는 제품을 만들고, 소비자는 그런 제품만 구입해요.

가난과 싸워요

가난한 사람들이 생계를 꾸려 나갈 다른 방법이 없으면 불법 벌목이나 밀렵, 환경을 파괴하는 농업과 목축업, 위험한 채굴에 눈을 돌릴 수밖에 없어요. 당장 먹고살 일이 걱정인 사람들이 지구를 구하러 나설 거라고 기대하면 안 돼요. 가난이라는 문제를 해결해야만 지구를 해치지 않으면서 모두가 잘 살아갈 방법을 찾을 수 있어요.

▶▶▶ 고기를 덜 먹어요 ◀◀◀

농작물을 재배하는 것보다 가축을 기르는 데 더 많은 에너지와 자원이 들어요. 고기와 생선의 소비를 줄이면 지구에 도움이 돼요.

지속 가능한 어업

전 세계가 해양 생태계에 의존해요. 물고기를 꼭 필요한 만큼만 잡아요.

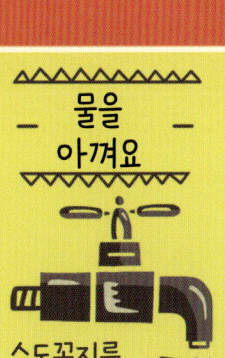

물을 아껴요

민물은 한정된 자원이에요. 세계에는 마실 물조차 부족한 곳이 많아요. 물을 덜 쓰면 강과 바다로 흘러드는 오염된 하수도 줄어요.

법을 만들어요

공장과 농장이 강과 바다, 공기를 오염시키지 못하게 하는 법을 만들어서 반드시 지키게 해요.

목소리를 내요

거리로 나가 사람들에게 우리가 달라져야 한다고 말해요.

낱말 풀이

1차 소비자
식물을 먹어서 에너지를 얻는 동물을 말해요. 보통 먹이 그물에서 두 번째 영양 단계에 있어요.

군집
한 생태계에 있는 동물, 식물, 균류, 세균 같은 생물의 집단을 말해요.

강수
비나 눈, 우박, 안개 형태로 땅에 내린 물을 말해요. 한 지역이 건조한지 습한지는 강수량, 그러니까 비나 눈이 내리는 양으로 판단할 수 있어요.

기름지다
식물이 잘 자랄 수 있는 흙의 상태를 말해요. 식물이 자라는 데 필요한 영양소가 풍부하고, 성장을 방해하는 유해한 물질이 없는 상태예요.

개발
사람들이 도시나 마을을 짓고 도로, 댐, 상하수관, 송전선 같은 기반 시설을 마련하는 과정을 말해요.

기후
한 지역에서 오랜 시간에 걸쳐 규칙적으로 나타나는 기상 현상을 말해요. 기후는 날씨와는 달라요. 날씨가 그날그날 또는 정해진 시간에 일어나는 기상 현상이라면, 기후는 계절마다 길게는 여러 해에 걸쳐 나타나는 날씨를 종합한 것이에요.

개체군
한 지역에 사는 같은 생물종의 집단을 말해요. 우리는 한 지역에 어떤 동물이나 식물, 사람이 얼마나 사는지 개체 수를 조사하곤 해요.

고세균
세포핵이 없고 세균과는 다른 생화학적 특징을 지닌 단세포 생물이에요. 인간의 장이나 습지에서 발견되고, 산도가 아주 높은 물이나 해저의 뜨거운 열수구 같은 극한 환경에도 살아요.

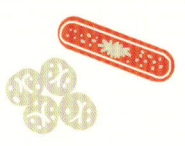

기후 변화
오늘날 가장 심각한 기후 변화는 19세기에 시작되어 지금까지 이어지고 있는 빠른 기온 상승이에요. 화석 연료를 많이 사용하면서 대기 중에 이산화탄소를 비롯한 온실가스의 양이 증가한 결과지요.

광합성
식물이 햇빛을 포도당으로 바꾸는 과정을 말해요. 식물은 태양 에너지로 이산화탄소와 물을 결합해 포도당을 만들어요. 산소는 이 과정에서 나오는 '노폐물'이에요.

날씨
특정한 시간의 대기 상태를 말해요. 맑다거나 흐리다거나 비가 온다거나 건조하다고 표현하지요. 기후는 오랜 시간에 걸친 평균적인 날씨를 말하지만, 날씨는 한 장소 안에서도 매일, 매시간, 매분 달라질 수 있어요.

동물 플랑크톤

물속에 사는 아주 작은 동물이에요. 먹이 사슬의 1차 소비자로 식물 플랑크톤과 세균을 먹고 살지요.

먹이 그물

한 생태계 안에서 먹고 먹히는 생물들의 관계를 먹이 사슬이라고 하고, 먹이 사슬 여러 개가 얽혀 있는 것을 먹이 그물이라고 해요.

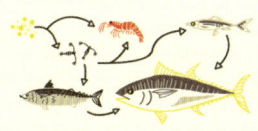

멸종

한 종에 속하는 모든 개체가 죽어서 종 자체가 더는 존재하지 않는 것을 말해요. 도도새는 사람들이 너무 많이 사냥하는 바람에 1681년에 멸종했어요. 2011년에는 서아프리카에 사는 검은코뿔소가 공식적으로 멸종했어요. 그 밖에도 많은 동물들이 기후 변화, 밀렵, 서식지 소실로 멸종 위기에 놓여 있어요.

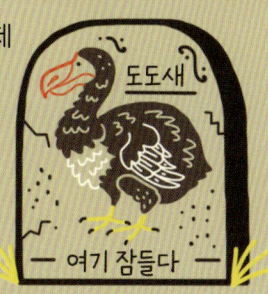

멸종 위기종

멸종될 위기에 놓인 동물과 식물을 말해요.

물질

물질은 우리 주변의 모든 것을 구성하는 재료이고, 원자와 분자로 이루어져 있어요. 물질은 새로 생겨나거나 없어지지 않고 오로지 재배열될 뿐이에요. 그리고 포식이나 분해와 같은 여러 과정을 통해 생태계를 순환한답니다.

물질 순환

생물이 사용한 유기물과 무기물이 생태계 안에서 이동하는 과정을 말해요. 생물이 성장하고 살아가는 데 필요한 영양소는 호흡, 배설, 분해 과정을 통해 흙과 공기 중으로 되돌아가요.

분자

원자가 결합하면 분자가 돼요. 탄소와 산소는 둘 다 원자인데, 탄소(C) 원자 한 개와 산소(O) 원자 두 개가 결합하면 이산화탄소(CO_2) 분자가 되지요.

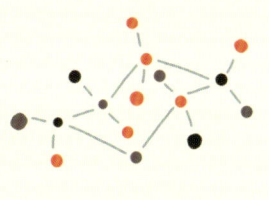

비생물적 환경

환경을 구성하는 요소 중에서 생물이 아닌 부분을 말해요. 공기, 물, 흙, 햇빛 따위가 모두 비생물적 환경에 속하지요.

빅뱅

우주의 시작을 설명하는 이론이에요. 수십억 년 전에는 특이점이라는 무한히 작고 한없이 밀도가 높은 점 하나밖에 없었는데, 그 점이 폭발하면서 우주에 있는 모든 원자와 물질이 생겨났대요.

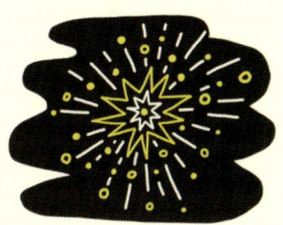

사막화

과거에 기름졌던 땅이 사막이 되는 과정을 말해요. 사막은 비가 거의 내리지 않고 식물이 적은 생물 군계예요. 가뭄, 환경을 파괴하는 농업, 산림 파괴가 계속되면 숲과 초원이 사막으로 변해요. 사막화한 땅은 영양소 고갈로 결국 '사망'에 이르지요.

산림 파괴

땅을 다른 목적으로 쓰려고 숲을 없애거나 산을 깎아 내는 것을 말해요. 보통 농경지나 목장, 도시, 도로를 건설하려고 숲과 산을 파괴하곤 하지요.

생물

숨을 쉬고 영양분을 섭취하고 자손을 퍼뜨리며 살아가는 모든 것을 말해요. 동물, 식물, 미생물, 그리고 여러분도 모두 생물이에요.

생물 군계

특정한 기후에 적응한 동식물이 살아가는 지역을 말해요. 생물 군계는 평균 강수량과 기온에 따라 나뉘어요. 이를테면 몹시 춥고 건조한 지역은 한대 초원(툰드라), 몹시 덥고 습한 지역은 열대 우림이라고 하지요.

생물 다양성

어떤 생태계나 서식지에 아주 다양한 동식물과 미생물이 사는 것을 말해요. 생물 다양성은 생태계의 건강과 복원력에 매우 중요한 영향을 미쳐요. 생태계는 생물 다양성을 통해서만 변화에 적응할 수 있거든요.

생물 다양성 핫 스폿

지금은 생물 다양성이 아주 높지만 곧 파괴될 위험에 처한 생태계나 지역을 말해요. 생태학자들은 이런 지역을 찾아서 너무 늦기 전에 보호하려고 노력해요.

우리 보금자리를 지켜 줘!

생물적 환경

환경을 구성하는 요소 중에서 지금 살아 있거나 과거에 살아 있었던 생물을 말해요. 동물과 식물, 세균은 살았든 죽었든 모두 생물적 요소에요. 썩어 가는 통나무나 나무 의자도 마찬가지랍니다.

생산자

태양에서 직접 에너지를 얻는 식물을 말해요. 먹이 그물에서 첫 번째 영양 단계에 있어요.

생태적 지위

한 생물이 생태계에 적응해서 살아가는 방식을 말해요. 생물의 습성, 생태계에서 하는 역할, 생존에 필요한 자원들이 생태적 지위를 결정하지요.

타운센드 큰귀박쥐

동굴에서 무리 지어 살면서 밤에 나방을 사냥하는 게 내 생태적 지위지.

생화석

지질 시대부터 모습이 거의 변하지 않은 채 오늘날까지 살아온 동물이나 식물을 말해요. 은행나무나 앵무조개, 투구게가 대표적이지요.

서식지

어떤 생물이 자리 잡고 사는 곳을 말해요.

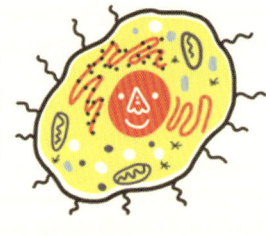

세균

어디에서나 발견되는 단세포 미생물의 한 종류예요. 죽은 생물을 분해하고 생태계에서 영양소가 순환하는 데 아주 중요한 역할을 하지요. 질병을 일으키는 해로운 세균도 있지만, 약이나 발효 식품을 만드는 데 보탬이 되는 이로운 세균도 있어요.

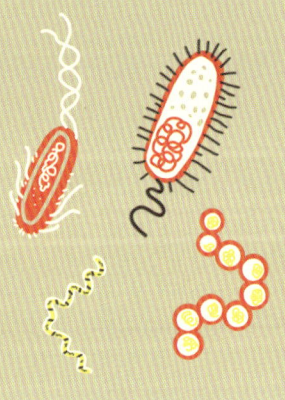

세포

생물의 몸을 이루는 가장 작은 단위예요. 세포 하나가 단세포 생물 하나가 될 수도 있고, 세포 여러 개가 모여 동물이나 식물의 몸을 이루는 세포 조직이 될 수도 있어요.

식물 플랑크톤

물속에 살면서 광합성을 하는 아주 작은 식물이에요. 거의 모든 해양 생태계의 밑바탕이 되지요.

영양 단계

생태계에서 에너지가 차례로 전달되는 단계를 말해요. 식물(생산자)에서 시작해서 최상위 포식자로 끝나요. 누가 누구를 먹고, 누가 누구에게 먹히는지를 보여 주는데, 총 단계 수는 각각의 생태계에 따라 달라져요.

최상위 포식자

생산자　1차 소비자　2차 소비자　3차 소비자

영양소

우리 몸을 구성하고 몸의 기능을 조절하고 에너지를 만드는 데 쓰이는 물질을 말해요. 단백질, 탄수화물, 지방, 비타민, 무기질, 물 따위가 있어요.

온실가스

지구 또는 태양의 복사열을 흡수하여 온실 효과를 일으키는 기체로 이산화탄소(CO_2), 메탄(CH_4), 아산화질소(N_2O), 수소불화탄소(HFC), 과불화탄소(PFC), 육불화황(SF_6) 들이 있어요. 온실가스는 자연적으로 생겨나기도 하고, 석탄이나 석유 같은 화석 연료를 태웠을 때도 나와요.

원소

한 가지 원자로만 이루어진 물질로, 모든 물질을 이루는 기본 단위예요.

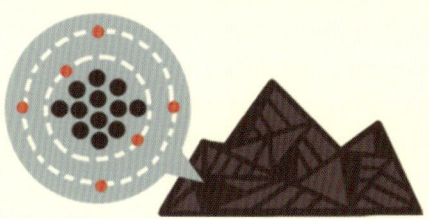

원자

물질을 이루는 가장 작은 단위예요. 원자 여러 개가 모여서 분자를 이루지요. 같은 종류의 원자가 모인 것을 원소라고 해요. 우리가 아는 우주의 모든 것은 원자로 이루어져 있어요.

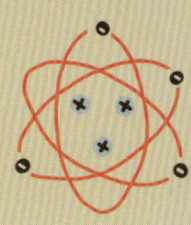

저장소

자원이 저장된 곳을 말해요. 얼어붙은 빙하나 호수는 물 저장소예요. 지하의 퇴적암은 인 저장소이고, 대기는 산소 저장소지요.

물 저장소

전이 지대

서로 다른 생태계가 섞이는 곳을 말해요. 이를테면 숲이 초원과 만나는 가장자리가 바로 전이 지대지요. 전이 지대는 동식물의 삶과 생태계 중심부를 보호하는 데 중요한 역할을 해요.

전이 지대

조류

꽃이 피지 않고 제대로 된 뿌리, 줄기, 잎도 없는 식물이에요. 보통 미세한 단세포 해양 식물을 말하지만, 길이가 50미터까지 자라는 자이언트켈프 같은 해초도 조류에 속해요.

종 균등도

한 군집 내에서 종별 개체수의 비율이 얼마나 조화로운지를 나타내는 지수예요. 생태계의 건강, 같은 자원을 두고 경쟁하는 생물 사이의 비율, 그리고 포식자와 먹잇감 사이의 비율을 이해하는 데 아주 중요한 단서지요.

죽은 땅

영양분이 완전히 빠져나간 땅을 말해요. 땅을 쉴 새 없이 써서 영양분이 고갈되는 속도가 땅이 회복되는 속도보다 빠를 때 이런 일이 일어나요. 지나친 방목이나 단일 경작이 주된 원인이지요.

지속 가능성

생태계가 제 기능과 다양성, 생산성을 계속 유지해 나갈 수 있는 능력을 말해요. 우리는 다음 세대를 위해서라도 생태계가 천연자원을 다시 채워서 이 능력을 회복할 시간을 줘야 해요.

진화

유전자에 돌연변이가 일어나 새로운 종이 생겨나는 과정을 말해요. 돌연변이는 이로울 수도, 아무 영향이 없을 수도, 해로울 수도 있어요. 하지만 종이 변화하려면 돌연변이가 다음 세대로 전달돼야 해요. 인간이 두 발로 걷게 된 것도 오랫동안 돌연변이가 쌓여 온 결과예요. 이것이 우리가 인류의 조상들과 달라진 까닭이지요.

천이

같은 장소에서 시간의 흐름에 따라 일어나는 식물 군집의 변화를 말해요. 생물 다양성이 높은 생태계는 이런 변화에 잘 적응할 수 있어요.

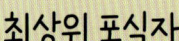

최상위 포식자

먹이 그물 맨 꼭대기에 있어서 천적이 없는 동물을 말해요. 많은 사람들은 인간이 세계 최고의 최상위 포식자라고 생각해요.

침식

비나 바람 같은 자연 현상이 지표면을 깎아 내는 것을 말해요. 파도가 밀려왔다 밀려가면서 바닷가의 모래를 쓸어 가거나 바위를 깎아 내는 것이 대표적이지요.

침입종

외부에서 들어와 생태계를 파괴하는 동물, 식물, 세균, 균류를 말해요. 침입종은 보통 먹이, 햇빛, 서식지를 두고 토착종과 경쟁해 생태계를 어지럽혀요.

탄소 발자국

한 개인이나 집단이 활동하면서 생겨나는 이산화탄소의 양을 말해요. 집을 덥히고 음식을 만들고 자동차로 이동하는 데 쓰는 화석 연료의 양을 모두 더하면 자신의 탄소 발자국을 계산할 수 있어요.

탄소 흡수원

대기 중의 이산화탄소를 흡수하여 저장하는 곳을 말해요. 산림이나 초원, 농지, 갯벌, 산호초 들이 여기에 해당돼요.

핵심종

한 생태계 안에서 다양한 생물종이 살아가는 데 중요한 역할을 하는 생물을 말해요. 핵심종이 사라지면 생태계의 균형이 깨져요.

환경 오염

해로운 물질을 잘못된 방법으로 사용하고 처리해서 환경이 더러워진 상태를 말해요.

참고 자료

기관 및 단체의 홈페이지와 기타 웹사이트

핵심 생태계 협력 기금 Critical Ecosystem Partnership Fund: www.cepf.net

브리태니커 백과사전 Encyclopedia Britannica: www.britannica.com

유엔 개발 계획의 적도 계획 Equator Initiative: www.equatorinitiative.org

미국 에버글레이즈 국립 공원 Everglades National Park (U.S. National Park Service): www.nps.gov/ever/index.htm

맹그로브 행동 프로젝트 Mangrove Action Project: www.mangroveactionproject.org

미국 모하비 국립 보호 지역 Mojave National Preserve (U.S. National Park Service): www.nps.gov/moja/index.htm

황야 지대 연합 Moorland Association: www.moorlandassociation.org

미국 항공 우주국 기후 변화 및 지구 온난화 NASA: Climate Change and Global Warming: climate.nasa.gov/evidence

미국 국립 어류 및 야생 동물 재단 National Fish and Wildlife Foundation: www.nfwf.org

미국 해양 대기청 National Oceanic and Atmospheric Administration: www.noaa.gov

미국 국립 야생 동물 연합 The National Wildlife Federation: www.nwf.org

오세아나 Oceana: oceana.org

미국 레드우드 국립 공원 및 주립 공원 Redwood National and State Parks (U.S. National Park Service): www.nps.gov/redw/index.htm

미국 톨그라스 프레리 국립 보호 구역 Tallgrass Prairie National Preserve (U.S. National Park Service): www.nps.gov/tapr/index.htm

유엔 지속 가능 발전 목표 UN Sustainable Development Goals: sdgs.un.org/goals

미국 환경 보호청 United States Environmental Protection Agency: epa.gov

유네스코 세계 유산 센터 UNESCO World Heritage Centre: whc.unesco.org

세계 자연 기금 World Wide Fund For Nature: wwf.panda.org

책

《생태학 : 포켓 가이드 Ecology: A Pocket Guide》
칼렌바흐 어니스트, 캘리포니아 대학 출판부, 2008

《변화하는 세계를 위한 환경 과학 Environmental Science for a Changing World》
앤 하우트먼, 수잔 카, 제닌 인터랜디, W. H. 프리먼 앤 컴퍼니, 2012

《해양 생물군계 : 그린우드 세계 생물 군계 가이드 Marine Biomes: Greenwood Guides to Biomes of the World》 수잔 L. 우드워드, 그린우드 프레스, 2009

다큐멘터리와 동영상

아프리카 Africa
마이크 건튼·제임스 허니본 연출, 데이비드 애튼버러 진행, BBC 자연사 유닛 제작, 2013

생태학-지구에서 살아가기 위한 규칙 Ecology-Rules for Living on Earth
행크 그린 진행, 교육용 유튜브 채널 '생물학 특강 Crash Course Biology' 제공, 2012

프로즌 플래닛 Frozen Planet
앨러스테어 포더길 연출, 데이비드 애튼버러 진행, BBC 자연사 유닛 제작, 2011

플래닛 어스 II Planet Earth II.
버네사 벨로위츠·마이크 건튼·제임스 브릭켈·톰 휴 존스 연출, 데이비드 애튼버러 진행, BBC 자연사 유닛 제작, 2017

찾아보기

ㄱ

가래 17

가문비나무 23, 50, 57

가시두더지 72

가오리 74, 75

가장자리 생태계 13, 23, 27

가장자리종 13

가지뿔영양 24, 25

갈색 부후균 16

갑각류 27, 85

갯과
- 딩고 70, 71
- 황금자칼 44

개구리 17, 88
- 독화살개구리 38
- 유리개구리 38

개미 28, 40, 72
- 사하라은개미 64, 65
- 왕개미 16

개밀 54

개체군 7, 13, 43, 67

갯지렁이 26
- 석회관갯지렁이 86, 87

거미원숭잇과
- 거미원숭이 32
- 노랑꼬리양털원숭이 38

거북 28
- 늑대거북과
  악어거북 90
- 바다거북과
  바다거북 26, 74, 85, 111
  붉은바다거북 44
- 사막거북 29

고등어 84

고래 23, 67, 75, 81, 85, 111
- 귀신고래 20, 79
- 범고래 79, 80
- 브라이드고래 66
- 혹등고래 84

고릴라 59, 60, 61
- 동부고릴라 58
- 마운틴고릴라 117

고사리 22, 56, 60
- 와츠물고사리 72

고세균 10, 86, 116

고양잇과
- 눈표범 56, 57
- 벵골호랑이 56
- 사자 11, 59, 62, 63
- 스라소니 47, 50, 51
- 재규어 5, 32, 33, 37
- 표범 60
- 퓨마 22, 36
- 치타 62, 63
- 호랑이 52, 57

곤드와나 73, 81

곤쟁이 74, 90

곰과
- 미국흑곰 22
- 북극곰 78, 79, 113
- 불곰 46, 50, 51
- 안경곰 38, 39

공작붓꽃 66

관벌레 86, 87

광합성 9, 18, 75, 82, 85, 87, 94, 95, 102, 116 118

구름 29, 35, 39, 61, 67, 93, 100, 101
- 높쌘구름 101
- 높층구름 101
- 쌘구름 101
- 쌘비구름 101
- 층구름 101
- 층쌘구름 101
- 털구름 101
- 털쌘구름 101

군집 7, 12, 16, 116, 119, 120

굴벌레나방 16

규조류 18, 34

그레이트 바살트 월 국립 공원 71

그레이트배리어리프 53, 68, 75

그레이트블루헤론 90

그령 64

극지대구 78

기린 62, 63
- 오카피 60, 61

기생 11

기후 변화 5, 47, 51, 57, 65, 73, 112, 116, 117

긴귀고슴도치 54

긴꼬리원숭잇과
- 레서스원숭이 109
- 바바리마카크 45
- 차크마개코원숭이 66, 67
- 황금랑구르 56

긴코민물꼬치고기 26

긴팔원숭잇과
- 주머니긴팔원숭이 52

ㄲ

껍질눈 27

ㄴ

나비고기 74

나무늘보 32

나사말 90

낙타과
- 과나코 36, 37
- 낙타 29, 59, 64, 65
- 라마 37, 38

－ 비쿠냐 34
날쥐 64
남극 35, 57, 76, 77, 81, 91
남극가리비 80
남극개미자리 81
남극반도 76
남극은어 80
남극점 76, 79
남극좀새풀 81
남극해 76, 81, 82
남극횡단산지 76
남아메리카 21, 27, 30~39, 65
남획 87, 89, 110
넓적머리메기 88
노랑부리까마귀 46
노르테 치코 31
녹조 현상 91
느시 54
늑대거미 24
니라공고산 63

ㄷ

다람쥐과
　　－ 검은꼬리프레리도그 24
　　－ 노랑뺨다람쥐 22
단각류 18, 26, 87
단일 경작 25, 110, 111, 120
달의 계곡 35
대백로 26, 27
대서양녹새치 84
대왕판다 89
대추야자 52, 64
대평원 25
더글러스소나무 22, 23

덤보문어 86
데빌스홀펍피쉬 29
데스밸리 29
도요새 42
돌고래 23, 33, 67, 85
　　－ 낫돌고래 66
　　－ 아마존강돌고래 33
　　－ 일각돌고래 78
　　－ 줄무늬돌고래 44
　　－ 큰돌고래 84
동남극 76
동몽골 스텝 55
두루미과
　　－ 시베리아흰두루미 89
　　－ 캐나다두루미 24
드린국화 24
등가시치 86
등각류 80
딥워터스컬핀 90

ㄹ

레더우드 73
레드우드 22, 23, 73
레서판다 56, 57
레아 36, 37

ㅁ

마가목 72
마멋 54
　　－ 알프스마멋 46
마라 36
마리아나 해구 82, 87
말미잘 74
테이퍼
　　－ 남아메리카테이퍼 32
　　－ 말레이언테이퍼 52, 53
맥머도 기지 81

맹그로브 12, 27, 53
　　－ 레드맹그로브 26, 27
　　－ 버튼우드맹그로브 27
　　－ 블랙맹그로브 27, 52
　　－ 화이트맹그로브 27
맹그로브스내퍼 26
먹이 그물 8, 9, 12, 18, 27, 93~99, 102, 116~120
멸종 위기종 27, 39, 47, 55, 57, 89, 117
모하비방울뱀 28
무고소나무 46
무광층 82
무늬바리 74
무지개 계곡 35
무지개송어 88
물범과
　　－ 얼룩무늬물범 80
　　－ 지중해몽크물범 44
　　－ 코끼리바다물범 80
물이끼 42, 43
물장군 17
미국너구리 26
미생물 8, 12, 18, 87, 96, 109, 117, 118
미생물 생태계 18, 19
미소 생태계 16, 17
미시시피강 89
밀렵 5, 39, 55, 59, 61, 63, 115, 117

ㅂ

바늘두더지 69
바다사자 23, 79
바다코끼리 78
바다표범과
　　－ 고리무늬물범 78
　　－ 바다표범 23, 79, 81
바위떡풀 50
바이오 에너지 109

바이퍼피시 86

바타가이카 분화구 51

반디쿠트 70

방산충 18

배드워터 분지 29

배럴아이 86

뱀장어 44, 84

버섯 19, 60
- 구름버섯 22
- 느타리버섯 16
- 먹물버섯 22

버펄로그래스 24

벌새과
- 벌새 32
- 자이언트벌새 38
- 칼부리벌새 33

베트남 전쟁 53

벵겔라 해류 66, 67

변온층 91

부들 17, 90

부활초 64, 65

북극 35, 57, 76, 77, 79, 81

북극권 20, 21, 51, 76, 79

북극점 76, 79

북극해 76, 77, 79, 81, 82

북서 항로 79

북아메리카 20~29, 73, 79, 91

분류 10

분해자 8, 18, 22, 24, 28, 32, 60, 78, 88, 90, 94, 95, 97, 98

붉은뇌조 42

붉은목코뿔새 56

붉은점산호게 74

브리슬마우스 84

블루길 88

비 그늘 사막 29

비료 25, 91, 96, 98, 107

비룽가 국립 공원 61

빅블루스템 24

빙설 조류 78

빙하 31, 37, 38~40, 46, 47, 56, 57, 76~79, 89, 91, 93, 100, 112~114, 119

빛 공해 35, 109

ㅅ

사구 64, 65

사막
- 고비 사막 111
- 모하비 사막 29
- 사하라 사막 5, 59, 65
- 아타카마 사막 35

사막화 37, 65, 75, 111, 117

사바나 7, 58, 69
- 아프리카 사바나 25, 63
- 오스트레일리아 사바나 71

사슴과
- 순록 50
- 노새사슴 22
- 루스벨트와피티사슴 22
- 말코손바닥사슴 25, 88
- 붉은사슴 42, 46
- 키사슴 27
- 팜파스사슴 37

사초 54

사탕새 66

사하라뿔살무사 64

사향노루 56, 57

상어
- 귀상어 74
- 뭉툭코여섯줄아가미상어 86
- 백상아리 67, 84
- 청상아리 44

산림 파괴 39, 110, 111, 117

산마리노 45

산비스카차 34

산성화 96, 113

산쑥들꿩 25

산호 73, 75
- 경산호 74
- 뇌석산호 74
- 연산호 74
- 산호초 5, 20, 53, 69, 75, 87, 113

산호충 74, 75

상리 공생 11

생물 군계 6, 7, 13, 73, 117, 118

생물 군계 지도 6, 7

생물 다양성 12, 13, 16, 25, 67, 75, 105, 107, 118, 120

생물 다양성 핫 스폿 39, 45, 118

생물권 6, 7

생태적 지위 7, 11, 12, 39, 118

서남극 76

선구종 15

선인장 29, 35
- 부채선인장 28
- 코피아포아선인장 34

성게 74

세균역 10

세렝게티 국립 공원 63

세렝게티 초원 59, 63

세일링 스톤 29

세포 호흡 27, 94, 95

솟과
- 누 59, 62, 63
- 몽골가젤 54, 55
- 물소 57, 61
- 아르갈리 54, 55
- 아메리카들소 24, 25
- 아이벡스 46
- 알프스산양 46
- 타킨 56

소등쪼기새 62

솔새 62, 70

솜털딱따구리 16

쇠황조롱이 42

수상 생물 군계 7

수생 생태계 83

수생 식물 83, 88, 91

수달 88

수릿과
- 독수리 35, 54
- 물수리 88
- 붉은꼬리말똥가리 28
- 수염수리 46
- 쐐기꼬리수리 70
- 흰죽지수리 44

스톰황새 52

습지 5, 7, 20, 27, 30, 37, 40, 42, 43, 48, 55, 63, 89, 91, 116

시베리아 21, 49, 51, 57

시어도어 루스벨트 25

식량 안전 보장 115

신재생 에너지 109

실비아 얼 83

심수층 91

심해 열수구 86

ㅇ

아가판투스 66

아굴라스 해류 66, 67

아나콘다 32

아마존 열대 우림 5, 33, 65

아마존나무보아 38

아마존매너티 33

아메리카원앙 88

아서 코난 도일 43

아시아 27, 41, 48~57

아프리카 25, 45, 58~67, 109, 117

악마불가사리 74

악어 27, 33, 65
- 앨리게이터과
  미시시피악어 26
- 크로커다일과
  말레이가비알 52, 53
  아메리카악어 26, 27
  인도악어 52
  서아프리카악어 64

안개 오아시스 35

안데스산맥 30, 31, 35, 39

안데스콘도르 38

안데스티나무 38

알베도 79

알프스산맥 40, 47

앨버트로스 80

앵무과
- 금강앵무 32
- 노랑귀앵무 39
- 장미앵무새 72
- 황금어깨앵무 70

약광층 82, 84, 85

양쥐돔 74

양쯔강 49, 57, 89

얼룩말 10, 11, 59, 62, 63
- 그랜트얼룩말 63
- 케이프마운틴얼룩말 66, 67

에너지의 흐름 9

에드먼드 힐러리 57

에리카 72

에뮤 70, 71

에베레스트산 48, 57, 87

여우 35
- 북극여우 78, 79
- 안데스여우 34
- 코사크여우 54, 55
- 키트여우 28
- 팜파스여우 36
- 페넥여우 64

연어 22, 89

열대 계절림 7, 30, 68

열대 우림 5, 7, 20, 30, 31, 33, 38, 39, 48, 58, 59, 61, 65, 68

영구 동토대 51

영구 동토층 51, 113

영국 제도 43

영양 단계 8, 9, 13, 116, 118, 119

영원 17

옐로퍼치 90

오로라 79

오리너구리 68, 69, 72

오세아니아 69

오스트랄라시아 69~75

오스트레일리아 53, 68, 69, 71, 73, 75

오아시스 64, 65

오징어 78, 84, 85
- 빙하오징어 80
- 오징어 유생 18
- 흡혈오징어 86, 87

올빼미과
- 굴파기올빼미 24
- 금눈쇠올빼미 44
- 미국수리부엉이 22
- 선인장올빼미 28
- 큰회색올빼미 50

올리버 웬들 홈스 47

왈라비 70, 71

왕도마뱀 53, 64

요각류 18, 80, 84

우단벌레 72, 73

우산아카시아 62

원숭이풍뎅이 67

웜뱃 72, 73

유광층 82, 84

유대류 69, 71, 73

유럽 21, 29, 37, 40~47, 59, 68, 69, 109

육상 생물 군계 7
육식 동물 8, 12, 63
이구아나 26, 27
이탄 42, 43
이탄지 43
인도차이나 맹그로브 숲 53
인류세 6
인의 순환 98, 99
잉카 제국 39

ㅈ

작은입우럭 90
잡식 동물 8, 22, 54
장님게 86, 87
저서생물 78, 80
저인망 어업 87
전갈 28, 34, 35
　　　- 데스스토커 64
전나무 23, 50
전이 지대 13, 27, 29, 53, 119
전파 망원경 35
정어리 66, 67
제비 43
제인 구달 114
조슈아나무 28, 29
족제빗과
　　　- 북방족제비 50
　　　- 오소리 42
존 스타인벡 23
종 균등도 13, 119
종간 경쟁 11
종내 경쟁 11
종다리 42
　　　- 서부들종다리 24
주산텔라 74, 75

줄무늬스컹크 22
증산 작용 61, 100, 101, 103
지구 온난화 33, 43, 51, 63, 71, 75, 77, 79, 81, 111, 112, 113
지의류 16, 22, 50
지중해 분지 45
진핵생물역 10
진홍저어새 26
질소의 순환 96, 97

ㅊ

참다랑어 84, 85
참솜깃오리 78
천이 14, 15, 120
청어 84
청소동물 38, 46, 54, 62, 64, 72, 78, 87
초식 동물 8, 12, 63
최상위 포식자 8, 9, 22, 26, 28, 36, 52, 62, 70, 74, 78, 79, 80, 84, 119, 120
친칠라 38
침식 13, 27, 37, 53, 89, 98, 99, 100, 102, 105, 107, 110, 113 , 120
침입종 13, 21, 110, 120
침팬지 60
　　　- 보노보 61
침팬지 불 61

ㅋ

카피바라 33
캄포플리커 36
캐시미어 55
캥거루 69, 71, 73
　　　- 붉은캥거루 70, 71
캥거루쥐 28, 29

케이프가넷 66
케이프 식물구계 67
켈프 44
코끼릿과
　　　- 코끼리 5, 57, 61~63
　　　- 둥근귀코끼리 60, 61
　　　- 아시아코끼리 56, 57
　　　- 아프리카코끼리 63
코뿔소
　　　- 검은코뿔소 63, 117
　　　- 인도코뿔소 57
콩고공작 60, 61
콩고 분지 59, 61
콩고 우림 61
크레오소트관목 28
크릴 18, 44, 80, 81, 84
큰귀생쥐 34
큰부리새 32
큰흰죽지 90
키다리게 87

ㅌ

타이가 7, 20, 40, 48, 51, 76
- 시베리아 타이가 51
타이가밭쥐 50
타이거주머니고양이 72, 73
탄소 발자국 107, 114, 120
탄소 순환 43, 94
탄소 흡수원 43, 120
태양 에너지 8, 9, 94, 116
태즈메이니아 68, 73
태즈메이니아늑대 73
태즈메이니아덤불왈라비 73
태즈메이니아데빌 72, 73
태즈메이니아월계수 72
태즈메이니아주머니너구리 73

태평양 거대 쓰레기 지대 85

털보아르마딜로 36

텐징 노르가이 57

토끼 13, 51, 71
- 눈토끼 42
- 북극토끼 50, 79
- 숲멧토끼 44
- 우는토끼 56
- 캘리포니아멧토끼 29

툰드라 7, 20, 40, 48, 49, 76, 77, 81, 118

ㅍ

파랑비늘돔 74

파하브라바 34

팜파스 31, 37

팜파스그래스 36

팜파스들종다리 36

펭귄 81
- 마카로니펭귄 80, 81
- 자카스펭귄 66, 67
- 턱끈펭귄 80
- 아델리펭귄 80, 81
- 황제펭귄 80, 81

편리 공생 11

포도당 9, 94, 102, 103, 116

포식 11, 117

포식자 13, 27, 46, 47, 61, 63, 67, 71, 85, 111, 119

폼페이웜 86

표수층 91

푸야 38

프로테아 66

프리지어 66

프셰발스키 54, 55

플라밍고 34

플랑크톤 78
- 동물 플랑크톤 17, 18, 44, 74, 75, 78, 84, 88, 90, 117
- 식물 플랑크톤 17, 18, 34, 44, 75, 78, 79, 80, 81, 84, 85, 88, 90, 117, 118

플로리다 맹그로브 습지 27

플로리다매너티 27

피식자 13, 47

ㅎ

하이에나과
- 줄무늬하이에나 62
- 하이에나 63

해마 74, 75

해수면 상승 113

해파리 44, 84

핵심종 12, 27, 120

헤더 42

헬리코니아 32

호금조 71

호랑나빗과
- 아폴로모시나비 46
- 맥클레이호랑나비 72

호박벌 42

호수송어 90

호저 91

혹등아귀 86

홍수 12, 14, 23, 25, 37, 89, 105

화산 14, 15, 51, 71, 87, 91, 96
- 리칸카부르 화산 35
- 에트나 화산 40
- 운다라 화산 국립 공원 71

화살벌레 18

화석 연료 94, 95, 96, 105, 107, 112, 114, 116, 119, 120

화학 합성 87

환경 오염 111, 120

활화산 35, 40, 63

황로 62

황새풀 42

황제산누에나방 42

황진 25, 111

후투티 44

휴온파인 73

흰개미 16, 70, 71

흰동가리 74

히말라야산맥 48, 49, 57

지은이 레이철 이그노토프스키

레뉴욕타임스 베스트셀러 작가이자 일러스트레이터입니다.

《세상을 바꾼 여성 과학자 50》과 《안녕, 과학!: 잠재력을 깨우는 질문 노트》를 썼습니다.

그림이 배움을 즐겁게 만드는 강력한 도구라 믿으며, 자신의 작품이 어린이들에게

과학과 페미니즘에 대한 관심을 불러일으키기를 바랍니다.

어린이들이 지구 생태계가 지닌 놀라운 힘을 깨닫고,

지구 생태계를 지키는 일에 함께하기를 바라며 이 책을 썼습니다.

인스타그램 @rachelignotofsky 홈페이지 rachelignotofskydesign.com

옮긴이 조은영

어려운 과학 책을 쉽게, 쉬운 과학 책을 재미있게 번역하려고 노력하는 과학 전문 번역가입니다.

서울대학교 생물학과를 졸업하고, 서울대학교 천연물과학대학원과

미국 조지아대학교 식물학과에서 거시생물학부터 미시생물학까지 두루 공부했습니다.

옮긴 책으로 《이토록 멋진 곤충》, 《랜들 먼로의 친절한 과학 그림책》, 《나무의 세계》,

《오해의 동물원》, 《10퍼센트 인간》, 《세상에 나쁜 곤충은 없다》,

《나무는 거짓말을 하지 않는다》, 《나무에서 숲을 보다》,

《길 잃은 시간여행자를 위한 문명 건설 가이드》, 《내가 태어나기 전 나의 이야기》 들이 있습니다.

지식곰곰 09 지구 별의 놀라운 작품
유리병 속의 생태계

레이철 이그노토프스키 글·그림 | 조은영 옮김

초판 1쇄 발행 2022년 2월 11일 | 초판 4쇄 발행 2025년 2월 20일
ISBN 979-11-5836-307-9, 978-89-93242-95-9(세트)
펴낸이 임선희 | 펴낸곳 (주)책읽는곰 | 출판등록 제2017-000301호 | 주소 서울시 마포구 성지길 48
전화 02-332-2672~3 | 팩스 02-338-2672 | 홈페이지 www.bearbooks.co.kr
전자우편 bear@bearbooks.co.kr | SNS Instagram@bearbooks_publishers
편집 우지영, 우진영, 이다정, 최아라, 박혜진, 김다예, 윤주영, 도아라, 홍은채 | 디자인 김은지, 윤금비 | 마케팅 정승호, 배현석, 김선아, 이서윤, 백경희
경영관리 고성림, 이민종 | 저작권 민유리 | 협력업체 두성피앤엘, 월드페이퍼, 원방드라이보드, 해인문화사, 으뜸래핑, 문화유통북스

THE WONDROUS WORKINGS OF PLANET EARTH: Understanding Our World and Its Ecosystems by Rachel Ignotofsky
Copyright © 2018 by Rachel Ignotofsky

All rights reserved.
This Korean edition was published by Bear Books Inc. in 2021 by arrangement with Ten Speed Press,
an imprint of Crown Publishing Group, a division of Penguin Random House LLC through KCC(Korea Copyright Center Inc.), Seoul.

이 책의 한국어판 출판권은 (주)한국저작권센터(KCC)를 통해 저작자와 독점 계약한 (주)책읽는곰에 있습니다.
저작권법에 의해 한국 내에서 보호를 받는 저작물이므로 무단 전재와 복제를 금합니다.

KC마크는 이 제품이 공통안전기준에 적합하였음을 의미합니다.
제조국 : 대한민국 | 사용 연령 : 3세 이상
책 모서리에 부딪히거나 종이에 베이지 않도록 주의해 주세요.